AF598857

L’homme de Calabi-Yau

Antoine Solignac

L'homme de Calabi-Yau

Essai

ISBN : 979-10-422-0897-4

Préface

Y a-t-il vraiment personnes là-haut ?

Tout et tout le monde sont plutôt dans nos cœurs, au sens large, largement éprouvés, pas le seul fait d'être né, de respirer, de penser…

Qui es-tu créateur ?

Créature néoformée, construite au bon plaisir des hommes, qui s'assimilent à cette mythique image de l'être parfait, alors qu'ils ne sont probablement, comparativement à ton Toi supposé, que vulgaires breloques, au rayonnement inconstant, à l'inconscience souvent désespérante, au comportement égocentrique, qui les amènent même parfois jusqu'à croire qu'ils se sont parfaitement adaptés à dame nature, alors qu'elle n'a rien fait d'autre que de nous adopter en nous modelant dans son sein.

Le miracle humain ne repose probablement pas sur sa technique, pas sur l'automobile, pas sur l'informatique, pas sur sa capacité à prévoir les secousses sismiques, mais sur sa constante prise de conscience qu'ici-bas il n'est rien, rien de très probant, rien d'étonnant, rien que du vivant.

Qui nous le dit ?

Est-ce ce défunt pape maintenant canonisé ou d'autres prélats d'exception, ou bien n'est-ce pas tout simplement la Science qui, par ses acquis incessants, nous pousse ainsi plus avant vers le néant, ce rien du tout qui deviendrait tout, et pour toujours.

La vie est protéique, fragile dans ses constructions, instable plus elle se complexifie, répondant en cela au principe d'entropie.

Le cerveau reste l'organe de la cohésion, le disque dur de nos connexions, le garant de notre fonctionnement, mais heureusement, nous découvrons avec la recherche scientifique que nous sommes bien plus que çà. Un vrai miracle, parce qu'en fait il s'avère de plus en plus que nous ne sommes pas, et surtout pas ce que nous paraissons ou croyons être.

Nous apprenons de jour en jour, dans un temps qui nous laboure, l'inanité de notre vie animée, la dure usure de nos mouvements incessants ; la vie, en suivant un bon mot de Francis Blanche, n'est-elle pas effectivement « la seule maladie sexuellement transmissible mortelle à cent pour cent » ?

Parler de l'homme en 2022, est-ce parler de bionique, de psychologique, de machine informatique, de biologique, de code génétique, de l'âme énigmatique, de fonctionnement anatomique, de pensées, de rêves, de faits magiques ?

À la lecture de la pensée humaine, de cette conscience qui se démène, on s'aperçoit que c'est à la fois tout et pas tout ça, mais que le devenir de notre génération éphémère, peut-être simple accident de l'évolution, n'est pas ici sur terre, mais dans un au-delà qu'ont bien essayé de brosser les religions, mais qui ne semble jamais mieux palpable que par les extraordinaires découvertes scientifiques qui ne cessent d'enrichir notre savoir sur ce que nous sommes et nos étonnantes fonctions.

Nos maîtres à penser sont nombreux, les philosophes, les Copernic, les Freud et toute sa clique, mais aussi Einstein, génial beatnik, et ses fils de même physique, épris de la Mathématique, qui nous ouvrent maintenant au monde quantique.

Leurs derniers mondes sont merveilleux, la plus récente étape de cette quête magnifique, car ils nous poussent vers une explication belle et rationnelle, tout empreinte de cette symétrie universelle, d'une simplicité géniale sur le fondement de la vie, sur son économie, son métabolisme, et son inéluctable entropie.

Plus je lis et découvre tous ces travaux scientifiques, plus je me sens rassuré sur ce que je suis, sur les fondements de la vie, plus l'espoir fait partie de mon quotidien dans une vie où le temps qui défile paraît chaque jour plus illusoire, tant que je ne saurais pas si je préfère vivre 85 ans ou 4420 semaines…

Introduction

Si nous décomposons brièvement l'évolution de la pensée humaine sur lui-même, il y a le stade du miroir, que beaucoup rechignent encore à quitter, avec la description anatomique d'un « nous » en mannequin inanimé. Et si notre regard nous semble ainsi toujours plus s'affiner, nous confrontant à d'incessantes introspections de plus en plus précises, de plus en plus intimes, l'assemblage de ce gigantesque puzzle qu'est maintenant notre vivant n'en appelle plus à notre cerveau, mais à l'intelligence artificielle, nous décrivant maintenant en de véritables tableaux faits d'algorithmes aussi bien mathématiques que biologiques, et qui ne seront bientôt plus accessibles qu'à nos toujours plus vaillantes puces informatiques.

Ce voyage de voyeur intérieur pèche par omission. Nous avons délaissé la voie de l'abstraction, la déléguant avec mépris aux seuls artistes, penseurs et autres supposés équilibristes, comme Sigmund Freud le précisait déjà en son temps dans son « Introduction à la Psychanalyse ».

Nous préférons comme toujours nous raccrocher obstinément à celle si claire et tellement évidente de la vision photonique imprimant notre rétine, méprisant les sensations et l'intuition, nous poussant en toute bonne conscience à faire l'amalgame entre ce qui est obscur et l'obscurantisme.

Quid de la révolution de la description psychologique, qui fait de nous des êtres doués de pulsions, de passions, de conflits et de refoulements ?

Qui ose encore actuellement parler de psychanalyse, sans craindre les foudres des adeptes inconditionnels de la vérité rayonnante, toujours plus empreints d'idées lumineuses, récusant cette vision aveugle qui défiait pourtant les longs méandres de notre esprit et nous parlait enfin de l'homme vivant ?

À l'instar de la relativité en physique, elle a pourtant fait de nous des mollusques perpétuellement remodelés par un espace d'énergie, capables ainsi de nous adapter en permanence à un environnement qui ne cesse de nous imprégner inéluctablement de ses tourments.

Nous avons donc probablement pris en médecine beaucoup de retard, en ne cherchant qu'à voir anatomiquement dans un monde où les physiciens nous disent maintenant que la vue n'est pas si lumineuse que çà, qu'elle n'est somme toute qu'un abord très partial de notre environnement, voire qu'elle fausserait même notre entendement.

Si nous avions suivi la même démarche relativiste appliquée à la médecine, initiée pourtant avec le mouvement psychanalytique, nous serions peut-être nous aussi capables de parler maintenant d'hommes quantiques, et de nous étonner de notre fonctionnement, bien loin des simples lois de la pesanteur.

Nous pourrions toucher du doigt cette nature fondatrice, organisatrice de notre être, et palper enfin ce semblant d'éternité que nous cherchons depuis longtemps avec autant de passions que d'espoirs toujours déçus.

La science est tellement belle quand elle travaille sur l'éternité, mais on peut se demander si les chercheurs du vivant, si les médecins censés soigner n'ont pas plutôt développé une activité limitée. Super ingénieurs, à l'esprit d'escalier, inspirés au clavier, n'avons-nous pas pris un retard conséquent sur les découvertes et le mode de pensée de nos confrères physiciens ?

Alors qu'ils nous parlent d'énergie, d'un monde dont la description physique ne serait qu'une illusion, d'un monde régi par la loi de l'information, d'un monde où les quantités sont aussi importantes que les qualités, nous ne jurons toujours que par l'EBM, la médecine basée sur les preuves, mettons lunettes, loupes et microscopes à l'instar d'un Newton persuadé à son époque que c'était la seule façon universelle d'avoir raison.

Nous abandonnons alors notre pouvoir d'imagination, et cantonnons notre être dans un corps désespérément figé, rejetons les résultats acquis par l'intuition et la réflexion, à l'instar des descriptions des névroses, véritables icebergs signant nos refoulements, disparaissant de notre mode de penser pour laisser place aux catalogues de « prêt-à-traiter » du DSM V.

Dans un monde résolument « mathé-matérialiste », il n'y a peut-être rien d'étonnant à ce que nous ayons ainsi « oublié » de tenir compte de cette approche relativiste de l'homme vivant, puisque si les névroses animent effectivement plus de la moitié des consultations de médecine générale, notre façon simpliste d'y répondre nous alimente fort bien, mais uniquement pécuniairement, puisque nous nous contentons de nourrir de pilules diverses et variées ces patients en souffrance de fonctionnement.

Cette démarche devient un véritable démarchage, nous transformant en « épicialistes », faisant appel en priorité à notre oralité et à notre analité, et de plus en plus rarement à notre inconscient. L'entretien soignant-soigné prend alors un sens tout autre, bien loin des écrits de Mickaël Balint, car sous couvert de soins à prodiguer, nous n'assurons que le vivre par le couvert, troc alimentaire, pour mieux couvrir la vérité.

Et ce n'est pas la conception de la santé via l'accumulation de données numériques, dites data, pour chaque être humain, recueillies inlassablement par des GAFA avides de marchés fructueux, qui va permettre d'améliorer cette situation d'obscurantisme.

L'être humain ne se résume pas à une somme de données numériques qui ne pourront donner pour seul résultat que la construction d'un monstrueux bonhomme Lego, à soigner brique par brique, un rêve pour les laboratoires pharmaceutiques ?

Nous avons pris dès lors beaucoup de retard, puisque les chercheurs et les médecins sont tout aussi avides, probablement avec une certaine raison, de résultats tangibles, de vérités reproductibles, mais que celles-ci doivent néanmoins être pour eux quantifiables et profitables, alors que ceux qui travaillent sur l'esprit et le monde humains n'apportent aucunement ce type de bénéfice commercial à court terme.

Nous avons ainsi insidieusement déchu nos maîtres pionniers et répudions désormais sans vergogne ceux qui voudraient, si ce n'est les réhabiliter, au moins tenter de ne pas les oublier.

Que de temps perdu à rattraper, que de synthèses à mettre en place, les sciences humaines ne nous ont pas encore permis de quitter le vingtième siècle et l'ère du fruit capital, car, même si leurs acquis sont conséquents, elles ne nous rapprochent pas d'une compréhension intelligente du vivant.

Si nous voulons vivre dans notre époque, dans cette intuition révolutionnaire du monde dont nous parlent les physiciens, il faut nous atteler dans l'urgence à les suivre dans leur quête, et retrouver cette passion intuitive, pour ne pas définitivement nous quitter.

L'homme géométrique

Face au miroir, il s'est regardé, apprécié, soupesé. Content de son aspect, de sa bipédie, de ses quadri-membres digi-palmés, fort de sa position tant physique que sociale élevée, il entreprit de se mesurer.

Aux autres espèces d'abord, auxquelles il dut montrer sa force, s'opposer aux féroces à quatre pattes souvent griffées, en se donnant ainsi l'illusion de son bon droit, car comme il gagnait, et imposait la crainte et le respect, la certitude du bien-fondé de sa quête prit vite le pas sur la justification profonde de ses actions.

Grisé par l'aventure, énamouré de ses succès, l'étape suivante fut de tenter d'affirmer sa suprématie sur ses congénères du même acabit, une fabrique incessante de désirs jusqu'à ce jour encore inassouvis.

Ne pouvant plus se mesurer aux autres espèces maintenant soumises, et se retrouvant confronté aux difficultés d'imposer sa loi sans violence sur les bipèdes contemporains qu'il était obligé de côtoyer, contraint au pacifisme bon teint inscrit dans la Déclaration des droits de l'homme, il décida plutôt de se mesurer lui-même.

Face au dilemme de son apparente toute-puissance, il joua à se comparer, à se mesurer, et décréta maintes règles et moult schémas à cet effet.

Soucieux tant de sa destinée que de bien se dessiner, il reconnut avec Léonard De Vinci la justesse de ses mensurations, la parfaite harmonie de ses proportions, qui ne pouvaient être que d'inspiration divine.

Utilisant pour cela la science mathématique, la géométrie d'Euclide l'aida à s'affubler d'un système de coordonnées, lui permettant ainsi de se représenter aplati en se projetant n'importe où, de la pierre la plus dure des cavernes, sur le papyrus égyptien jusqu'au plus vulgaire des bouts de papier.

Mais en se figeant ainsi dans un système plan, et même s'il était orthonormé, il ne fut pas content pour autant, car pour s'individualiser et se donner l'illusion du mouvement, il fallait qu'il se découpe, avec tous les risques inhérents à la chose, comme de se froisser, de se mettre en boule, cela le chiffonnait, et il ne pouvait l'accepter.

Car bien que Léonard l'ait bien dessiné, il ne restait somme toute qu'un homme écartelé, emprisonné dans son cerceau parfait, et même si tout semblait ainsi pouvoir tourner rond, il se rendit compte que de l'insuffisance de ces acquis, et il créa l'anatomie pour changer de dimension.

Il se découpa alors en petits morceaux, de plus en plus petits, de plus en plus cruciaux, disloquant son corps en cubes, les « formolisant » dans des bocaux, à coup de bistouris et de ciseaux.

Mais une section de cuisse en plan, ce n'était pas toujours pas très beau. Dépassant bravement l'abscisse et l'ordonnée, il prit le risque de se placer dans un repère tri-orthonormé. Premier miracle de la science, qui sut ainsi le regonfler tel un mannequin inanimé, lui donner forme tout juste comme il se voyait, et baudruche ainsi conçue, il se plaisait.

Avec des plans dits principal, médian, sagittal, frontal, transversal, il n'y avait plus à s'inquiéter, on pouvait tout représenter.

Les axes donnèrent les directions, permettant sa magnifique reproduction en trois dimensions, flattant son ego en tous sens, déchaînant sa passion.

Ils furent décrétés supérieur, caudal, inférieur, interne, externe, moyen, médian, central, périphérique, ventral, postérieur, dorsal, proximal, distal, ulnaire, radial, tibial, péronéen, palmaire, plantaire…

Cette entreprise loin d'être insensée lui donna la possibilité d'animer la marionnette ainsi achevée, et d'envisager de jouer pour quelque temps à la poupée.

Avec la troisième dimension, il pouvait en effet se consacrer dans l'espace cube considéré à la description cinétique de ses mouvements.

Il fit œuvre de réflexion pour définir la flexion, l'arrêt flexion suggéra l'extension, l'éloignement l'abduction.

Grâce au torticolis il conçut la rotation, en claquant ses jambes au garde-à-vous l'adduction, en utilisant le tire-bouchon la circumduction.

La pronation lui permit de tenir le guidon du vélo et pour la supination, il se résolut non sans réticence à faire comme s'il implorait les dieux.

Cette magnifique mise en équation, en mathématisant ses fonctions, en régissant ses mouvements, fit de lui un bel homme géométrique.

Grisé par une telle réussite, il voulut aller plus avant, car il avait pris conscience que cette démarche était soumise à un grand avenir, par ce miracle de l'observation visuelle reproduite tactilement.

Il se consacra alors d'autant plus à l'établissement de normes, n'oubliant pas que sa quête initiale restait de se comparer aux autres et de déterminer le grand gagnant au concours « miss-homme ».

L'état des lieux pour chaque individu permettait donc une comptabilité exhaustive de ses attributs, et mettait ainsi au jour les premières différences, les mauvais « matos » prémices des « pathos » et des maladies.

La macroscopie ayant ses limites, même avec des lorgnons à triple foyer, il conçut pour parvenir au très fin le microscope, qui, de lentilles en électrons, continuerait à faire l'apologie de son intelligence observatrice.

Grâce à la microscopie simple, puis électronique, les cellules et tissus lui semblèrent livrer tous leurs secrets : la cellule avait donc un cytoplasme, lui-même composé d'un hyaloplasme, métaplasme et paraplasme.

On y décrivait un noyau, centre de toutes choses, qui nous parlait alors de chromatine, de nucléole, de chromosomes, de corpuscules de Baar…

Il déroula la pelote génétique, nourrissant le secret espoir de pouvoir la tricoter aussi bien que le faisait sa grand-mère les soirs d'hiver au coin du feu.

Il compta, repéra, et classa les gènes, donnant une nouvelle fois la preuve de sa clairvoyance, en en donnant une identification chiffrée conforme à ses normes géométriques.

Il découvrit ainsi les protéines, issues d'acides aminés synthétisés à partir de nucléotides en agencement successif le long de la chaîne d'ADN, qui aimait s'ébattre dans l'ARN.

Vinrent alors les mises en mouvement de son nouveau jouet, à partir des exons, des codons, les introns, les fonctions d'excision-épissage, de traduction, de transcription…

Excité à l'extrême, gonflé dans son ego, il put ainsi décrire les fonctions cellulaires, définir le métabolisme, association d'un catabolisme et d'un anabolisme, analyser les mouvements des cils que, dans un élan très judéo-chrétien, il dénomma flagelles, établit les schémas des mitoses, méioses et amitoses.

Les épithéliums rendaient honneur à Euclide, épithéliums pavimenteux, cubiques, cylindriques, qui, non seulement simples, pouvaient devenir épithéliums stratifiés, ou même mixtes s'ils devenaient plus compliqués.

Il se drapa de tissus, conjonctifs, cartilagineux, osseux, musculaires, et ce travail de fourmi monastique lui donnait enfin un habit digne de son rang, cette première place qui lui tenait tant à cœur, ultimes attributs signant sa divinité, seyant son corps dans toute sa perfection supposée.

L'homme était donc un miracle géométrique, admirablement proportionné, habile à fonctionner.

À chaque niveau d'organisation, depuis le plus grand jusqu'au plus petit, du macroscopique au microscopique, la machine semblait marcher à merveille, et avec une telle mise en forme, il savait maintenant détecter les pannes, et de plus en plus souvent les réparer.

Remplacer un organe défaillant n'était plus un problème, contrôler les surpressions dans les circuits un jeu d'enfant, régler la pompe cardiaque s'avérait être aussi passionnant que les pistons d'un moteur, qu'il soit à deux temps ou de formule 1.

Le corps étant une admirable machine, tout aussi habile à travailler, il lui concocta des carburants, des pilules, optimisant ainsi son fonctionnement.

De ce mannequin inanimé, il en avait fait ce robot perfectionné qui lui servait désormais de référence, de sujet d'expérimentation, et qui lui permettait ainsi toutes les illusions : certains esprits d'outre-Atlantique n'avaient-ils pas alors prédit dans un élan d'euphorie l'éviction de la terre pour l'an 2000 de toutes les maladies ?

Pourtant, il y a avait un problème.

Comme Newton, il était confronté à un paradoxe. Certes, il s'était admirablement bien dessiné, il avait défini tous ses mouvements dans l'espace terrestre de fonctionnement, depuis la contraction du biceps jusqu'à l'ouverture des canaux calciques dans la cellule myocardique, mais tout cela restait terne et ne suffisait pas à tout expliquer.

Il restait sur sa faim.

Il comprenait comme Copernic que le monde ne tournait pas à cause de lui, car si d'aventure il ne tournait pas rond, le monde, lui, si !

Il se sentait comme un G.I. Joe désarticulé, une marionnette mue par des fils qu'il ne pouvait définir ni même entrevoir.

Si les adeptes des clochers et des minarets s'emparèrent avec zèle du problème, les fils directeurs descendant pour eux à l'évidence du ciel, mus par un seigneur manifestement très joueur, il ne pouvait réellement s'en contenter.

Il avait si bien avancé jusqu'à maintenant, tout semblait bien s'agencer et puis paf, voilà-t-y pas qu'il ne savait pas où mettre la pensée, qui échappait à sa logique comptable, et pour laquelle l'énergie cinétique ou le métabolisme de la cellule cérébrale ne lui étaient d'aucun secours pour lui permettre le moindre dessin de ses intimes desseins, la plus petite représentation de son destin, même en une seule dimension !

La caméra à positons, l'IRM cérébrale ne résolvaient pas non plus cette équation.

Ceux qui s'en remettaient uniquement aux ficelles pour s'animer ne se posaient évidemment plus grandes questions, et demandaient même plutôt qu'on évite désormais d'aborder ce genre de réflexions déclarées définitivement subversives, devenant ainsi paradoxalement de fervents adeptes de la pendaison.

Les avertissements n'avaient pourtant pas manqué, comme ceux de C. G. Jung (« Présent et avenir ») qui avait à maintes reprises interpellé ses contemporains sur cette déshumanisation de l'homme par le biais d'une « culture scientifique » dont le principe essentiel reposait « sur des vérités statistiques et sur des connaissances abstraites ».

Il constatait qu'elle nous transmettait par conséquent une conception des choses rationnelles et en marge du réel concret, au sein de laquelle le cas individuel était ravalé au rang fictif de phénomène marginal.

Pour Jung en effet, « les sciences de la nature s'efforçaient de décrire leurs résultats comme si leurs recherches étaient menées sans l'intervention de l'homme, ce qui revenait à dire que la coopération indispensable de la psyché restait invisible ».

Ainsi, pour animer la marionnette et comprendre son fonctionnement sans y mettre de fils, il fallait s'occuper de l'esprit sans le cantonner dans un au-delà inaccessible, loin du père et de ses fils.

L'homme de bien, dans son insatisfaction permanente, restait donc obstiné, car il voulait tant se ressembler, s'imaginer dans sa globalité pensante, donner un miroir fidèle à ses réflexions, sortir de cette sculpture en pâte à modeler qui ne pouvait plus le satisfaire pleinement.

Tout comme la physique de Newton faisait rouler les automobiles et permettait les pleins de carburant, la médecine carburait aux mêmes émoluments, mais sans expliquer le pourquoi du comment.

Car beaucoup des beaux athlètes aux mensurations pourtant parfaites tombaient en panne, s'altéraient rapidement, ne marchaient plus que sur trois pattes ou mouraient sans aucune explication rationnelle, sans qu'il n'ait pu décrire ni prévoir le phénomène qui les mettait dans de tels tourments.

Il ne pouvait se résoudre à n'être qu'un objet animé par des forces qu'il ne savait décrire, qu'il ne pouvait voir et donc dessiner. Sa propre destinée semblait lui échapper, car la coquille resterait vide, tant qu'il n'aurait pas réussi à définir la pensée et son mouvement pour chaque individu vivant.

Albert et Sigmund

Alors cet homme matériellement si bien fait mais fort déconvenu se dit comme dans la fable qu'on ne l'y reprendrait plus.

Il se décida à suivre deux hommes, deux humanistes qui avaient la même idée, celle de voir en pensée, car il voulait réussir à se représenter différemment, à se définir en mouvement dans son parcours de vie, et pour cela, il fallait alors se résoudre à fermer consciencieusement les yeux.

Issus tous deux d'un peuple qui ne croyait pas que Dieu était déjà revenu se balader sur l'avenue, ils s'étaient emparés de la Raison pour s'atteler à en démontrer l'illusion.

Ils savaient qu'il restait encore beaucoup à faire pour que l'être humain se détache de la véracité supposée de ses perceptions, de sa propension aux projections anthropomorphiques. Ils voulaient leur apprendre à distinguer la masse et l'énergie, pour mieux les associer, et s'étaient ainsi résolus à s'atteler à cette tâche encore inachevée.

L'un, Albert, naquit en 1877, en Allemagne, alors que l'autre, Sigismund, âgé alors 22 ans, était encore l'élève d'Ernst Brücke à Vienne. C'est quand Albert Einstein eut lui-même 22 ans que son célèbre aîné publia son ouvrage sur « la science des rêves ».

Ils étaient tous deux conscients du même problème, à savoir que les apparences semblaient bien insuffisantes pour décrire l'universalité des mouvements, que l'on s'attachât à parler du mouvement de l'homme vivant dans son environnement ou bien de celui des planètes au sein de l'univers.

On retrouvait à la base de leur réflexion la fragilité des acquis, la remise en question des vérités établies pour accéder à une autre conception plus holistique des phénomènes à étudier.

Ils furent tous deux initialement isolés de leurs collègues dans leurs travaux, et paradoxalement souffraient mutuellement de ne pas se comprendre, alors qu'ils étaient pourtant si proches intellectuellement.

Marthe Robert (« la révolution psychanalytique »), nous rapporte le fait suivant : « Freud aurait bien aimé bénéficier de la sérénité que donne au savant l'ancienneté et la dignité d'une science séculairement établie, même s'il est appelé à la révolutionner. Il n'avait pas de modèles, pas de maîtres immédiats, et pendant longtemps, il n'eut pas non plus d'élèves.

Il écrivit un jour à Einstein qu'il le trouvait bienheureux d'être physicien au lieu de faire de la psychologie, matière dans laquelle le premier venu se croit savant ».

Einstein avouait lui-même ses regrets de ne pouvoir apprécier les travaux de son aîné : « J'ai toujours regretté qu'un non spécialiste n'ayant pas l'expérience des malades soit à peu près hors d'état de se former un jugement sur la vérité contenue dans la plupart de vos livres. Mais après tout, il en va ainsi de toutes les œuvres scientifiques ».

Malgré l'indécence de leurs travaux, car ils voulaient toucher à ce que d'autres avaient situé sciemment très haut, a fortiori le ciel puisqu'ils ne pouvaient voir plus loin, ils finirent néanmoins à force d'années de labeur par convertir nombre de leurs pairs qui se résolurent, peut-être pour ne pas se déjuger, à les cantonner dans la catégorie des génies. On accepta ainsi tardivement de les honorer, mais tous deux finirent pourtant leur vie exilés loin de leur propre pays.

L'un pensait que l'homme n'était pas tel qu'on le voyait, et qu'il fallait avant tout définir le fondement de sa pensée, de cette énergie qui l'animait, l'autre que nous n'étions pas dans cet espace figé issu de la géométrie que l'on avait arbitrairement construit.

Ils savaient que ces inventions très humaines, basées sur l'observation visuelle, restaient une illusion, et préféraient s'adonner à l'imagination, en se méfiant des évidences que leur proposaient quotidiennement les pièges de la vision.

Leurs propos à chacun étaient en ce sens éloquents :

« Sans doute avez-vous, cher lecteur, quand vous étiez jeune garçon, fait la connaissance du superbe édifice de la géométrie d'Euclide, et vous vous rappelez peut-être, avec plus de respect que de plaisir, cette imposante construction sur le haut de laquelle des maîtres consciencieux vous forçaient de monter pendant des heures innombrables. En vertu de ce passé, vous traiteriez avec dédain toute personne qui regarderait même la moindre proposition de cette science comme inexacte. Mais ce sentiment de fière certitude vous abandonnerait peut-être, si l'on vous posait cette question : qu'entendez-vous par l'affirmation que ces propositions sont vraies ? À cette question, nous voulons nous arrêter un peu ».

« Et maintenant, vous êtes en droit de me demander : puisqu'il n'existe pas de critère objectif pour juger de la véridicité de la psychanalyse et que nous n'avons aucune possibilité de faire de celle-ci un objet de démonstration, comment peut-on apprendre la psychanalyse et s'assurer de la vérité de ses affirmations ? (…) À votre accès à la psychanalyse s'oppose encore une autre difficulté qui, elle, n'est plus inhérente à la psychanalyse comme telle : c'est vous-mêmes qui en êtes responsables, du fait de vos études médicales antérieures. La préparation que vous avez reçue jusqu'à présent a imprimé à votre pensée une certaine orientation qui vous écarte beaucoup de la psychanalyse. On vous a habitué à assigner aux fonctions de l'organisme et à leurs troubles des causes anatomiques, à les expliquer en vous plaçant du point de vue de la chimie et de la physique, à les concevoir du point de vue biologique, mais jamais votre intérêt n'a été orienté vers la vie psychique dans laquelle culmine cependant le fonctionnement de notre organisme si admirablement compliqué. C'est pourquoi vous êtes restés étrangers à la manière de penser psychologique et c'est pourquoi aussi vous avez pris l'habitude de considérer celle-ci avec méfiance, de lui refuser tout caractère scientifique et de l'abandonner aux profanes, poètes, philosophes de la nature et mystiques ».

L'homme géométrique si désireux de s'animer se sentit face à une telle tâche soudain très las, très fatigué, découragé. Tous ses efforts lui semblaient vains, car il fallait donc tout remettre en question, toutes ses belles équations, toute son œuvre architecturale qui devenaient caricaturales, une nouvelle évaluation était nécessaire, et elle s'appelait la relativité.

Il ne fallait plus se cantonner à la simple observation visuelle pourtant si rationnelle, mais intégrer le phénomène humain à l'instar de la physique dans la perspective d'une loi de fonctionnement simple et cohérente pour tous les individus vivants.

Une loi leur permettant d'expliquer tous leurs mouvements, notamment quand ils étaient pris dans les tourments, déstabilisés par les maladies, débordés par les émotions.

Devait-il rester cet éternel bricoleur, constructeur de somptueux édifices, qui lui semblaient maintenant de simples châteaux de cartes, et s'arrêter ainsi en chemin ?

Comme le faisaient encore la plupart de ses congénères au milieu du 20e siècle, devait-il privilégier la rassurante déclinaison visuelle de ses attributs à l'acquisition virtuelle de ses mouvements de vie d'individu ?

Il savait qu'il se faisait piéger en n'apprenant pas à distinguer un chapeau d'un simple boa constrictor digérant un éléphant, et voulait se convaincre qu'il était plus simple de laisser l'étude de l'énergie du vivant aux artistes, écrivains, psychanalystes…

Mais en excluant ainsi la relativité pour ne se consacrer qu'à ses classements en algorithmes, il pouvait certes se donner l'impression qu'il continuait à vibrer tout en se mirant, mais pour combien de temps, et dans quel intérêt ?

Et donner la vie à ce mannequin lui paraissait en effet bien trop compliqué, ne valait-il donc pas mieux rester un vaillant Geppeto s'en remettant aux bonnes fées ?

Après un long moment de silence, comme celui de ses congénères jusqu'à la fin du 20e siècle, il comprit qu'il ne pouvait continuer ainsi, à ne croire que ce qu'il voyait et pas ce qu'il devinait. Il ne pouvait prendre encore plus de retard sur ses collègues épris de physique qui ne cessaient de s'extasier sur la matière, son énergie et ses mouvements.

Il comprenait qu'il lui fallait s'intéresser au principe de relativité, affirmé clairement par Einstein et évoqué par Freud, une quête féconde qui lui ouvrirait peut-être enfin le guide de fonctionnement du monde du vivant.

Il s'empara de ce qu'il comprenait de l'œuvre d'Einstein pour réinterpréter celle de Freud.

La relativité des mouvements humains

Pour continuer à avancer, il ne fallait donc plus se regarder.

En lisant les propos préliminaires d'Albert Einstein, il comprenait maintenant que ses mouvements dans son environnement n'étaient pas aussi univoques que cela, encore moins uniformes, puisque malgré les apparences, il ne vivait pas les mêmes expériences que celles de son voisin a priori identique géométriquement.

La physique, comme l'écrivait le maître, « se doit de décrire comment un phénomène change de forme avec le temps », et l'homme souriait de son avertissement le mettant en garde sur les conséquences d'une telle assertion. Tout comme Einstein, il fallait accepter de charger sa conscience de quelques péchés mortels « contre le saint esprit de la clarté », pour que ces « péchés puissent d'abord lui être dévoilés ».

N'était-il pas en effet, dans les sciences humaines, englué dans les mêmes paradoxes ?

Ne faisait-on pas les mêmes erreurs en considérant l'homme comme figé, certes affublé d'attributs, de médailles et autres coordonnées, mais désespérément immobile et sans mouvement ?

Il lut alors plus attentivement :

« La pierre décrit, par rapport à un système de coordonnées rigidement lié au wagon, une droite, mais par rapport à un système rigidement lié au sol une parabole. Cet exemple montre clairement qu'il n'y a pas de trajectoire en soi, mais seulement une trajectoire par rapport à un corps de référence déterminé (...) Une description complète du mouvement est réalisée quand on indique comment le corps change de place avec le temps, c'est-à-dire qu'il faut indiquer pour chaque point de la trajectoire à quel moment le corps s'y trouve ».

Il décida de se poser les questions de la même façon, pour lui-même et ses contemporains.

Si l'on considérait que chaque être humain représentait littéralement un corps (système) de référence, pouvait-on décrire d'une manière univoque un phénomène survenant dans son espace à un moment donné ?

À cette question, il s'aperçut qu'il ne pouvait pas répondre positivement, puisque la maladie prenait des formes différentes en fonction des sujets, que les patients réagissaient différemment à des traitements identiques, que des champions gravement handicapés par un accident allaient jusqu'à gagner des épreuves de coupe du monde là où plus personne ne les attendait plus.

Face au mannequin « inanimé » où tous les paramètres semblaient soigneusement déterminés, une même agression (événement) ne produisait donc pas les mêmes effets.

Un chiffre tensionnel élevé délétère pour l'un se révélait sans graves conséquences pour l'autre à un moment précis de leur évolution. Chaque être humain, à l'instar du wagon se déplaçant, ne devait-il pas être dès lors assimilé à un système animé de son propre mouvement ?

Freud en liant le corps et l'esprit apporta bien le même concept de relativité en médecine. La dualité cartésienne restait de mise, mais avec une communication plus étroite entre ces deux entités. Si Einstein avait lu et compris l'œuvre de son aîné, on aurait pu penser que la théorie de la relativité restreinte ainsi énoncée était directement inspirée du concept de la psychanalyse.

Tout à la recherche de cette nouvelle clarté, il se dit néanmoins qu'il ne fallait pas sombrer dans le piège du « tout psychologique », où certains de ses disciples du maître étaient parfois tombés, jetant un discrédit sur leurs travaux dont ils ne s'étaient toujours pas relevés.

Car la médecine psychosomatique qu'ils avaient inventée avait vite retrouvé à la fin du 20e siècle les mêmes vieux travers de rationalité, cherchant uniquement des liens de causalité, à établir des causes et des effets.

Un stress était décrété à l'origine d'un symptôme clinique, et porteur d'une signification voire d'un symbolisme psychique. Cette démarche permettait d'établir un catalogue psychologique supposé caractériser toute manifestation morbide que peut présenter le corps d'un sujet en souffrance, sans lui donner le moindre mouvement intrinsèque ni la moindre singularité.

Ainsi une personne constipée pour Alexander était une personne qui refoulait son agressivité, comportement anal qui se résolvait pourtant plus simplement par la prise de laxatifs que par les séances de psychanalyse (DSM IV : « caractère sadique-anal : caractère bien structuré se repérant facilement, mélange d'agressivité, d'analité et de formations réactionnelles »).

Les critiques des opposants newtoniens face à ces digressions n'étaient en effet pas dénuées de bon sens :

« Alors que faute d'en connaître la cause organique, les psychosomaticiens attribuent encore l'hypertension artérielle dite essentielle à l'inhibition des impulsions agressives, pour le biologiste moléculaire elle n'est que conséquence d'une anomalie des gènes contrôlant la perméabilité de la paroi cellulaire du sodium. La découverte de cette anomalie ne saurait tarder : on connaît des familles d'hypertendus chez l'homme et les animaux de laboratoire » (R. Dantzer, « l'illusion psychosomatique »).

Dualité corps esprit, toujours en opposition, sur des espaces inertes, seulement caractérisés, affublés de moult coordonnées, mais jamais considérés comme faits d'énergie et en mouvement.

Ne voulant pas réitérer la même erreur, il comprit qu'il devait continuer à suivre les travaux des physiciens disciples d'Einstein plutôt que les travaux psychologiques trop simples voire sectaires, issus une nouvelle fois simplement de l'observation dite rationnelle, établissant des rapports de cause à effet, nouvelle approche géométrique quasi numérisée, qui se montrait finalement incapable de mettre en forme le mouvement intrinsèque que inhérent à chaque être humain.

Car les espaces adaptatifs ainsi évoqués en y ajoutant pourtant le psychisme ne débouchaient une fois de plus que sur des raisonnements en algorithme.

La relativité restreinte en médecine

La tâche lui paraissait ardue, source de dur labeur, mais il ne voulait rien lâcher.

Chaque être humain avait à l'évidence sa réactivité propre, et il comprenait qu'un travail de recherche basé sur l'intuition permettrait peut-être de mieux déterminer nos susceptibilités différentes face aux dites « agressions ».

Comme dans le principe de la relativité restreinte en physique, il apparaissait que le sens pris par un événement survenant dans ou sur notre corps humain, notre espace vivant, était à l'évidence loin d'être univoque, mais la médecine classique constatait bien ce fait sans en comprendre la raison, prônant la fameuse exception qui confirme la règle.

Du moins cherchait-elle la solution en multipliant ses capacités toujours plus fines d'investigations du corps humain, à tort et à raison.

Car en ne recourant encore et toujours qu'à la vision, elle se démenait maintenant dans la génétique, les enzymes protéiques, un casse-tête de nouvelles données qui posait beaucoup plus de questions qu'il n'en résolvait.

Cette conception toujours plus fine de la médecine cantonnait les soignants à exercer maintenant une activité des plus mécanique, des thérapies guerrières faites d'éradications des agresseurs et de tirs plus ou moins ciblés sur les organes lésés.

Une démarche ne prenant plus du tout en compte le sujet souffrant dans sa globalité pensante et sa possibilité de réagir différemment à un événement morbide survenant dans un espace où le corps et l'esprit rentrent ici littéralement en duel.

N'était-ce pas pourtant plutôt notre propre mouvement qui nous mettait dans des dispositions différentes face aux agressions quotidiennes rencontrées ?

Le psychisme prenait différentes formes pour chaque individu, empreint en permanence des acquisitions de l'homme agissant dans son environnement, ce qui montrait bien qu'il n'y avait pas de trajectoire en soi mais bien un mouvement particulier pour chacun.

N'étions-nous pas à l'image de ces trains, de véritables espaces matériels en mouvement par rapport aux voisins. La pierre lancée correspondait alors dans cette hypothèse à un événement survenant dans notre espace corporel, et qui prenait un impact et une forme différente selon notre état de mouvement à cet instant donné.

La conception médicale classique, notre beau mannequin géométrique, les réactions biologiques qui nous animent, les fonctions de nos organismes, notre adaptation au milieu environnant, qui théoriquement étaient d'interprétation univoque puisque chaque individu était considéré dans le même état de mouvement que celui de son voisin, devait donc être modifiée.

Tous les individus n'étaient plus équivalents à un système de coordonnées de référence numériquement déterminé qui ne se distinguaient officiellement entre eux que par de simples écarts dans leur évaluation chiffrée !

Cette façon de penser n'atteignait-elle pas son apogée, quand les humains agressés par des virus n'étaient plus considérés par les diverses autorités politico-scientifiques que comme des êtres « respirants » dénués de mouvement et de défenses spécifiques à chacun, et qu'il fallait protéger contre leur gré, quels que soient leur vécu et leur réactivité propre à ce moment donné.

Et que dire des populations animales savamment décimées, par contumace.

Cette révolution dans le mode de pensée, où l'homme devait être considéré comme en mouvement, s'exprimait plus ou moins clairement dans les écrits de certains disciples de Freud, réfutant la psychologie géométrique pour continuer à parler de la force de la psyché, et sans chercher à faire de manuel de coordonnées.

Dépassant leur maître, ils fermaient résolument leurs yeux pour imaginer des espaces psychiques individuels où une loi simple et constante serait applicable à chaque individu vivant.

Mais leurs travaux en ce début de siècle annoncé par André Malraux comme « mystique ou ne sera pas » restaient toujours marginalisés, comme toute pensée abstraite était toujours délaissée au seul profit des artistes, poètes, mystiques de tout crin, pour ne pas perturber les fières certitudes soigneusement ancrées de nos penseurs « newtoniens ».

« La maladie est de l'espace et non seulement du vu », écrivait J. P. Delisle citant Foucault, avant de préciser : « La médecine est donc une science de l'espace corporel qui ne cesse d'inventer de nouvelles méthodes de découpages et d'analyses intégrant le temps réduit à ces deux notions liées aux processus morbides eux-mêmes : l'évolution, le pronostic. Mais le temps du sujet, le temps de la personne, n'a aucune raison d'être pris en compte » (La mort en notre jardin, Revue de Médecine Psychosomatique 16 p73, 1988).

Freud lui-même dut, comme le rappelait Didier Anzieu, modifier ses conceptions avec le temps lorsqu'il travaillait sur les pulsions de l'individu.

II avait selon ce dernier « successivement opposé les pulsions d'autoconservation aux pulsions sexuelles, puis la libido d'objet à la libido du Moi, enfin les pulsions de vie aux pulsions de mort », hésitant « sur la manière d'articuler la pulsion de vie avec le principe de constance puis avec le principe d'inertie ou de Nirvana ».

Si Freud avait « toujours conservé les quatre paramètres de la pulsion (la source, la poussée, le but, l'objet) », il avait « toujours répété que la liste des pulsions n'était pas close et qu'on pourrait en découvrir de nouvelles ».

Catalogue de faits établis, identifications de causes et d'effets, pour lesquels Didier Anzieu soulignait l'insuffisance de la théorie quand il s'était agi de s'occuper des somatisations corporelles, la psychanalyse s'occupant plus « des contenus psychiques inconscients, préconscients et conscients que des contenants ».

Voulant réintégrer le corps humain dans sa globalité, sans pérenniser cette scission entre le corps et l'esprit, il s'était attaqué clairement au principe de l'espace humain et des composantes intrinsèques à chacun en envisageant le « Moi-peau ».

Il reconnaissait ainsi cinq points appelant à des compléments, touchant respectivement :

– à l'organisation spatiale du Moi corporel et du Moi psychique,

– aux fantasmes du contenant psychique en plus de ceux des contenus psychiques,

– à un élargissement de la relation sein-bouche à la relation sein-peau,

– au double interdit du toucher qui précéderait le double interdit œdipien,

– à la prise en considération de la disposition du corps du patient et de sa représentation de l'espace analytique au sein du dispositif analytique.

Certains fonctionnements psychiques découverts par Freud apparaissaient aussi insuffisants dans leur conception pour pouvoir décrire et comprendre le destin de l'homme et de ses mouvements.

L'espace corporel ne semblait donc pas clairement perçu et défini par les théories de Freud, les fonctionnements psychiques s'articulant mal avec le corps souffrant. Didier Anzieu lui substituait un espace adaptatif intuitif dans lequel il intégrait autant l'espace corporel que les mouvements psychiques de chaque être humain dans une entité globale pensant échappant à la simple observation photonique.

Ces disciples de Freud, à l'instar des physiciens relativistes, cherchaient à développer une théorie de l'énergie et d'un corps fantasmatique, où les pulsions n'étaient pas de simples équations, mais définissaient un espace où des lois d'adaptation simples et intuitives seraient applicables pour appréhender le mouvement de chacun.

Leur volonté de définir un mouvement et un espace adaptatif pour chaque individu vivant appartenait complètement au principe de la relativité restreinte.

Pour Sami-Ali, la pathologie freudienne qui se déployait autour de deux axes, le refoulement et l'absence de refoulement, « par quoi se définit une double étiologie psychique et somatique fondée sur le concept de pulsion » n'entrevoyait pas la troisième voie qui était pour l'auteur « le refoulement qui se maintient sans subir d'échec ».

C'était pourtant par ce mécanisme, cette nouvelle dimension, que Sami-Ali pensait comprendre l'avènement des pathologies organiques (« Penser le somatique ») chez un individu. Il mettait en avant la fonction vitale que pouvait avoir un processus morbide, une maladie, qui paradoxalement pouvait maintenir celui-ci vivant dans un espace de fonctionnement différent.

Konrad Lorenz était lui aussi très critique, mais surtout vis-à-vis de la psychologie sociale contemporaine. Il s'opposait autant aux penseurs vitalistes qu'aux penseurs mécanistes qui oubliaient selon lui de considérer la phylogénétique et la psychologie comparative comme bases inaliénables de l'étude du comportement humain. L'étude du psychisme de l'individu apparaissait donc pour lui incomplète, « en se cantonnant à l'observation du simple espace cognitif et de ses acquis ».

Elle négligeait « les deux extrêmes de l'espace psychique et comportemental humain, qui sont l'apport inné de la génétique d'un côté et la dimension corporelle organique de l'autre ».

Autant de théories et de remarques qui ouvraient de nouveaux espaces, mais qui n'échappaient pas pour autant à la rationalité supposée de la cause et de l'effet.

L'homme était un peu perdu. Bien que peu épris de la science mathématique, celle qui ne se résume pas aux tables de calcul, il s'enhardit quand même à formuler le principe de relativité, au sens restreint, au mode humain.

Il relut le principe nécessaire pour formuler ce principe en physique, et énonça :

« Si on veut que les lois de la nature restent simples pour chaque "individu-système", il faut établir que chaque individu affublé de coordonnées différentes (K') soit équivalent à son voisin (K) pour ce qui est de l'application de ces mêmes lois ».

À l'instar des systèmes de coordonnées galiléens proposés par Einstein, il nous fallait donc nous considérer chacun comme un monsieur K' affublé de nos propres coordonnées, pour lequel les phénomènes de la nature se déroulaient relativement à monsieur K selon les mêmes lois générales.

Einstein constatait en effet que la Mécanique classique expliquait « avec une merveilleuse précision les mouvements réels des corps célestes ».

Il concevait aussi difficilement qu'une loi aussi précise et exacte pour décrire les mouvements des corps célestes ne le soit pas tout autant pour décrire tous les événements physiques terrestres. Il revenait pour cela sur le paradoxe du train en mouvement :

« Dans ces lois générales de la nature, formulées par rapport à K, la grandeur et la direction de la vitesse du wagon devraient jouer un rôle. »

On devrait s'attendre, par exemple, à ce que la hauteur du son d'un tuyau d'orgue soit différente suivant que l'axe de ce tuyau est parallèle ou perpendiculaire à la direction du train. Or, en vertu de son mouvement autour du Soleil, notre Terre est comparable à un wagon se mouvant avec une vitesse d'environ 30 km/s. Nous devrions nous attendre à ce que, dans le cas où le principe de relativité ne serait pas valable, la direction du mouvement de la Terre intervienne à tout moment dans les lois de la nature et, par conséquent, à ce que les systèmes physiques dépendent dans leur comportement de l'orientation dans l'espace relativement à la terre. Car, étant donné le changement de direction qui se produit au cours d'une année dans la vitesse de révolution de la Terre, celle-ci ne pouvait pas être au repos, relativement à un système hypothétique dit « au repos Ko pendant toute une année ».

Et de conclure :

« Or malgré les observations les plus attentives, on n'a jamais pu constater une telle anisotropie dans l'espace physique terrestre, c'est-à-dire une non-équivalence physique entre les différentes directions. Ceci est un argument en faveur du principe de relativité ».

L'homme réfléchissait, et respirait, profondément.

Sa tête lui faisait mal, ses idées devenaient confuses, un vent de panique lui parcourait l'échine, mais fidèle à sa quête, il s'appliqua grâce à son entêtement intrinsèque à comprendre cette ténébreuse affirmation.

Si nos mouvements propres devaient influer effectivement sur les lois de la nature, le principe de relativité n'existait donc pas par rapport à « l'individu-système » que nous étions censés représenter.

Ceci revenait aussi à dire que les phénomènes biologiques qui nous animent devaient se révéler radicalement différents de ceux du voisin, voire au sein de nous-mêmes, en fonction de notre état de mouvement (sens, direction).

La respiration cellulaire, les phénomènes biochimiques, notre développement musculaire et notre adaptation à l'effort seraient alors à redéfinir sans cesse dans leurs définitions (et non dans leur variation de coordonnées) à chaque instant de notre vie.

Et pour chaque individu, nous aurions alors une loi d'adaptation biologique différente ?

Tout ceci était en totale contradiction avec la recherche médicale et les découvertes qui s'y attachaient, et l'homme en fut quelque peu rassuré sur le bien-fondé de sa quête.

Nous étions évidemment tous équivalents pour la définition et l'application des mêmes lois biologiques, elles étaient inaliénables et identiques pour chacun de nous, et le principe de relativité prenait alors toute sa dimension, puisque seule la forme prise par un même événement différait, en fonction de notre état de mouvement.

Ces lois d'adaptation vitale restaient donc constantes pour tous les « individus systèmes » que nous étions, et ce quel que soit le mouvement propre à chacun.

Même si l'impact d'événements inhabituels, d'agressions, survenant sur notre corps était différent, notre mode de réaction à ces événements répondait à ces lois biologiques bien établies. Seule la finalité de son effet pouvait différer, de par notre propre mouvement.

Il fallait donc définir pour chaque « individu-système » nos propres coordonnées, un temps et un espace pour chaque individu vivant dans son environnement tant physique, social, biologique, que psychologique.

Le Temps et l'Espace du sujet

Si les applications de la relativité restreinte appliquées à la physique étaient étonnantes, elles ne l'étaient pas moins en biologie.

En se référant à la validité du principe de la constance de la vitesse de la lumière dans le vide, base de la théorie de la relativité en physique, il fallait qu'en sciences humaines, nous puissions poser un même postulat, à savoir que l'adaptation biologique restait constante et uniforme.

Pour s'en tenir au principe de relativité, les fonctions biologiques d'un individu devaient donc toutes être orientées vers une même adaptation à l'environnement, le mouvement naturel de tout être vivant étant de rester vivant.

Les événements biologiques naturels devaient suivre avec constance une même orientation, à savoir le maintien du vivant, quelles que soient les conditions ou les circonstances.

On ne constatait en effet pas des lois différentes pour chaque individu étudié, par exemple dans les réactions naturelles biochimiques (respiration cellulaire, aérobiose, cycle de Krebs, coagulation, etc.), et toutes ces fonctions étaient tournées vers l'adaptation constante au milieu pour permettre la survie de l'individu.

Si nous doutions du postulat de la constance de l'adaptation biologique des êtres vivants, alors les recherches, entre autres travaux, de Charles Darwin sur l'évolution des espèces ou celles de Konrad Lorenz sur les aspects innés et acquis du comportement animal devenaient obsolètes.

Tout comme Einstein qui soulignait que si l'on devait remettre en question ce postulat de la constance de la vitesse de la lumière dans le vide, ceci était alors « incompatible avec les recherches théoriques extrêmement originales de H. A. Lorentz sur les phénomènes électrodynamiques et optiques présentés par les corps en mouvement ».

Les phénomènes pathologiques touchant l'homme dans son environnement pourraient alors paraître contradictoires avec cette loi naturelle de l'adaptation permanente du vivant. Comment considérer en effet la maladie d'un individu, comme une façon spécifique de réagir à une agression, différente pour chacun, ou une façon universelle de s'adapter à son environnement ?

L'homme réfléchissait et se souvenait de tous ces grands hommes malades qui vivaient en bon équilibre, qui agissaient tout en prenant leurs traitements, et il comprenait que la maladie faisait intrinsèquement partie du principe de relativité en médecine.

S'attachant à poursuivre son entreprise, il devinait qu'il était loin d'être au bout de ses surprises.

Avec Einstein, il reprit l'exemple du train en mouvement, alors qu'un orage déclenchait simultanément deux éclairs en deux points distincts A et B sur la voie ferrée. Pour l'observateur sur le talus, les éclairs semblaient simultanés, mais ils ne l'étaient pas pour celui installé dans le train en mouvement.

Le temps pour l'individu en marche et celui immobile sur le talus était donc différent.

En mesurant maintenant dans le train une partie du couloir entre deux points A et B, puis, lorsque le train est en mouvement, en situant sur le talus à l'instant « t » la projection des points A et B sur le talus, nous n'obtenions pas la même mesure sur le talus et dans le train.

Problème posé auquel la physique classique avait pourtant dérogé :

« Dans la Mécanique classique, nous dit alors Einstein, deux hypothèses que rien ne justifie ont toujours été admises :

1/ L'intervalle de temps qui sépare deux événements est indépendant de l'état de mouvement du corps de référence ;

2/ La distance spatiale de deux points d'un corps rigide est indépendante de l'état de mouvement du corps de référence ».

Dans la médecine dite classique, deux mêmes hypothèses n'avaient-elles pas été aussi spontanément admises ?

L'intervalle de temps qui sépare deux événements était-il vraiment indépendant de l'état de mouvement du corps de référence, de même que la distance spatiale de deux points d'un corps rigide devait être indépendante de l'état de mouvement du corps de référence ?

Autrement dit, un même événement biologique avait-il exactement le même impact, quels que soient les individus et leur état de mouvement ?

Même impact dans le temps d'apparition, dans la durée de l'événement, dans sa résolution ? Mêmes dégâts, de même ampleur, quels que soient les sujets ?

Nous étions, si nous en tenions à ce cas de figure, toujours confrontés à cette fameuse conception d'un patient inanimé, à cet homme géométrique de laboratoire, seul étudié pour satisfaire aux recherches cliniques et épidémiologiques des savants en sciences humaines.

Pourtant, Einstein, s'appuyant sur la théorie de la relativité en physique, et grâce à la transformation de Lorentz, en déduisit ces faits étonnants :

Une horloge en mouvement marchait plus lentement qu'une horloge au repos, et une règle rigide en mouvement était plus courte que la même règle au repos, et d'autant plus courte que son mouvement était plus rapide !

Chaque espace du fait de son mouvement avait son temps et son espace propre.

N'y avait-y-il pas une analogie avec les psychanalystes parlant d'un temps et d'un espace pour chaque sujet ?

L'homme subjugué, déjà bouche bée, resta muet un court instant, avant de se rendre à l'évidence : suivant son mouvement propre, à un temps donné de son évolution, la réactivité d'un sujet était différente de celle de son voisin, a fortiori de ce cobaye qu'était l'homme de laboratoire qui servait de base de description pour toutes nos recherches biologiques (un véritable corps rigide de référence mais littéralement considéré « au repos »).

Dans les études épidémiologiques par exemple, seules les données numériques rentraient en ligne de compte, et étaient considérées comme uniques et immuables pour tous les individus.

Un médicament donné à telle posologie devait donner tel effet à tel moment, les cas non conformes n'obéissant pas aux prédictions venant alors alimenter les nombreuses exceptions censées confirmer la règle.

À l'instar de ces résultats d'études apparemment bien menées, aux résultats dits significatifs, mais ne donnant pourtant souvent pas plus de 30 % de résultats positifs sur l'ensemble de la population étudiée ?

En ne prenant pas en compte ce principe de relativité restreinte applicable à l'être humain, les changements « climatiques » occasionnés par une maladie, les effets des médicaments, constataient les faits observés mais ne validaient pas la notion d'un espace propre à chaque sujet étudié. On définissait alors simplement une morbidité particulière sur notre mannequin numérisé désespérément inanimé, tout en incluant tous ceux qui s'éloignaient de la courbe de Gauss à grand renfort d'écarts-type.

Pourtant, n'était-il pas plus simple de relativiser les mesures effectuées et de définir l'espace et le temps pour chaque sujet, pour étudier la réactivité de l'individu et son mouvement propre au moment de l'étude ?

Chaque « individu-système » était donc bien plus qu'une base de données numériques, l'homme en était maintenant pleinement conscient.

Il possédait donc ses propres coordonnées d'espace et de temps qui le différenciaient notablement de son voisin. Ce mouvement vital qui appartenait à chaque être humain influençait grandement sa réactivité et son adaptation, ne le rendant pas égal aux autres face à un même événement survenant dans son espace, à un moment précis de son évolution, car celui-ci était différent de celui de son voisin.

Nous étions donc des êtres numériquement définis, mais dont nos mouvements propres déterminaient pour chacun de nous des données de temps et d'espaces différents. Par rapport aux lois naturelles de la nature, nous restions donc des systèmes équivalents les uns aux autres, mais affublés de coordonnées différentes, avec un temps et un espace qui nous étaient propre.

Chacun de nous pouvait être pris comme système de référence, quel que soit son mouvement, que l'on soit malade ou en bonne santé, stressé ou euphorique, fiévreux, soucieux, car les lois naturelles s'appliquaient dès lors simplement pour chacun, avec un impact différent.

Ainsi les coordonnées numériques enregistrées sur notre organisme biologique lors d'une agression pathologique n'avaient pas la même ampleur que celles du voisin, puisqu'elles n'étaient en fait que le reflet de ce temps et de cet espace qui animent chaque sujet dans sa course permanente à la vie, selon le principe de l'adaptation.

L'homme comprenait maintenant l'importance de la définition de la relativité en médecine, car elle permettait alors d'explorer enfin notre réactivité vitale propre et nos capacités intrinsèques d'adaptation. Il savait qu'il était sur la bonne voie, une autre image de lui-même prenait forme, où miroir et microscope devenaient insuffisants pour l'aider dans cette quête.

Le mollusque de référence

À l'instar de la relativité en physique, nous pouvions envisager maintenant de mieux formaliser notre G.I. Joe, qui, de brillant mannequin inanimé de référence, était devenu un « individu-système » en mouvement, face auquel les événements de la nature considérés comme uniformes permettaient d'expliquer sa façon différente d'agir et de réagir par rapport à son acolyte (G. I. Joe).

Mais voilà, l'homme de bien sentait qu'il y avait quand même un problème.

Si l'homme géométrique se sentait effectivement un peu mieux maintenant qu'il était affublé d'un manteau spécifique de coordonnées de temps et d'espace, la relativité restreinte n'en parlait pas moins toujours que de mouvements rectilignes et uniformes, concepts qui tant en physique qu'en biologie ne semblaient pas très séduisants, plutôt réducteurs, voire carrément humiliants.

Il pouvait certes courir un marathon pendant que son alter ego sirotait une bière en le regardant goguenard passer, assis à la terrasse d'un café, et il est probable que ce mouvement de translation ne lui permettrait pas de réagir de la même façon à un événement tel cette jolie femme spectatrice dans le public tentant de séduire les plus beaux spécimens de la race humaine.

Ce mouvement de translation macroscopique au demeurant fort simpliste dans cet exemple s'assimilait néanmoins de même au niveau microscopique quand nous intégrions un événement tout aussi rectiligne au sein même de notre propre espace.

Ces mouvements rectilignes uniformes manquaient de souplesse, car les événements survenant dans notre espace ne pouvaient, à l'instar de Cupidon, se résumer à de simples traits de flèche tentant de nous perforer cœur.

Cette conception faisait de chacun de nous de simples systèmes affublés de coordonnées particulières de temps et d'espace, en translation uniforme les uns par rapport aux autres, sans qu'on ne puisse intégrer les interactions entre chacun des individus et l'influence de l'autre proche de nous sur nos propres coordonnées.

L'homme sentait qu'il fallait mieux définir son propre mouvement d'individu vivant, et fut fier et rassuré quand il sut que son maître physicien avait soulevé les mêmes réticences, l'amenant à aller plus avant dans le principe de relativité.

Car il était nécessaire maintenant de dessiner les « individus-systèmes » au plus près de ce que nous étions à chaque instant de notre vie, pour que nous puissions enfin expliquer tous les phénomènes survenant dans notre environnement, et ce quel que soit notre état de mouvement.

Fallait-il pour cela se cantonner à suivre Freud qui en étudiant le fonctionnement psychique avait établi en véritable précurseur la notion de relativité pour chaque homme vivant ?

Grâce à lui et à ses disciples, nous n'étions plus simplement ces poupées inanimées si bien formatées, ni cette baudruche que l'on gonflait sans cesse de nouvelles coordonnées toujours plus complexes, mais devenions à l'instar de l'espace physique préconisé par la relativité restreinte un système différent à chaque instant de nos mouvements de vie, en translation les uns par rapport aux autres par rapport aux autres.

Mais comment formaliser l'importance du vécu de chacun dans son environnement, et appréhender nos changements de conformation et de réactivité plus nous nous adaptions à nos espaces de vie ?

Car nous faisions bien plus que de nous croiser, et tout un chacun connaissait la complexité de la vie en société et de l'influence de tous ceux que nous côtoyions, qu'ils soient humains, bactériens, glycémies, nitratés, rayonnants…

N'étions-nous pas plutôt un système fluctuant et mouvant dont la conformation changeante en fonction du temps rendait mieux compte de notre adaptation permanente à notre environnement ?

Ce principe semblait séduisant, car il semblait pouvoir définir autrement les individus en déterminant leur mouvement propre par rapport à celui du voisin, leur fonctionnement psychique spécifique, et permettait d'intégrer leur susceptibilité aux agressions, leur potentiel à résister, à s'adapter ou à disparaître.

Avec la géométrie, nous nous étions décrits tels des individus bien formatés, très euclidiens dans notre état, situation qui faisait encore référence dans le monde médical d'aujourd'hui.

La relativité restreinte nous disait ensuite que nous devions céder la place à un « individu-système » d'un autre type, plus « galiléen » dans sa conception, mais dont le mouvement rectiligne uniforme par rapport à nos voisins, comme les planètes les unes par rapport aux autres, ne semblait pas suffisant pour expliquer nos capacités d'adaptation à l'environnement.

Pour parvenir à nos fins, il nous fallait maintenant aller encore plus loin, en acceptant de suivre le principe de relativité générale proposé par Einstein.

Nouvelle métamorphose qui nous permettrait de nous comprendre, conjuguée à tous les temps. À l'homme brut de décoffrage s'était donc substitué l'homme euclidien, lui-même destitué par l'homme galiléen, et que nous devions transformer maintenant en homme gaussien.

Pour appréhender le principe de la relativité générale, il nous fallait passer d'un système de coordonnées euclidien à un système de coordonnées de Gauss, conformément aux préceptes édictés par Einstein.

L'homme lut attentivement : « Tous les systèmes de coordonnées de Gauss sont en principe équivalents pour la formulation des lois générales de la nature (…) Si l'on ne veut pas renoncer à la manière de voir habituelle à trois dimensions, on peut caractériser le développement qu'a subi la Théorie de la relativité générale de la façon suivante : la Théorie de la relativité restreinte se rapporte à des domaines galiléens, c'est-à-dire à des domaines où il n'existe pas de gravitation. Comme corps de référence, on y utilise un corps de référence galiléen, c'est-à-dire un corps rigide de mouvement tel que, par rapport à lui, le principe de Galilée du mouvement rectiligne et uniforme de points matériels “isolés” reste valable. Certaines considérations nous amènent à rapporter aussi ces mêmes domaines galiléens à des corps de référence non-galiléens. Il existe alors, par rapport à ceux-ci, un champ de gravitation d’un genre particulier. Mais dans les champs de gravitation, il n’existe pas de corps rigides jouissant de propriétés euclidiennes ; la fiction de corps de référence rigide est, par conséquent, inutile dans la Théorie de la relativité générale »…

L’homme ferma les yeux un court instant. Il comprenait qu’il n’était pas exactement une petite planète tournant inlassablement toujours dans le même sens, autour de ses congénères, sans jamais subir la moindre attraction de leur part qui pourrait modifier son éternel et uniforme mouvement.

Ce n’était pas en effet un simple mouvement de translation qu’il avait ressenti quand cette jolie fille lui avait souri lorsqu’ils s’étaient croisés lors de son marathon. Et il était bien placé pour savoir qu’elle l’avait perturbé tant psychologiquement que corporellement, pendant un bon bout de temps, ce qui ne se serait à l’évidence pas produit s’il n’était qu’un bon petit système strictement galiléen. Il sentait que son énergie n’était plus la même depuis cette rencontre magique, qu’elle avait modifié sa gravité du fait de la force d’attraction brutalement ressentie, il sentait des modifications de son champ d’émotions, modifiant ses perceptions des faits environnants, le rendant plus sensible, un nouveau « champ de gravitation ». Son propre espace et son temps lui semblait mouvant et fluctuant, se modifiant en permanence avec les événements survenant quotidiennement au sein de son système vivant qu’il n’appréhendait plus comme avant. Il comprenait pourquoi le mannequin inanimé n’était pas un vrai corps de référence, et que pour les formulations des lois de la nature, il faisait bien mieux l'affaire, tout autant d'ailleurs que n'importe lequel de ses congénères comme lui en perpétuel mouvement.

Einstein apporta alors une vision imagée de ces corps de référence non rigides, « qui non seulement se meuvent dans leur ensemble de façon quelconque, mais qui subissent aussi pendant leur mouvement des changements de forme quelconques ». « Ce corps de référence non rigide, qu'on pourrait, non sans raison, désigner sous le nom de "mollusque de référence", est en substance équivalent à un système quelconque de coordonnées à quatre dimensions de Gauss (…) le principe de relativité générale exige que tous ces mollusques puissent être employés, avec un égal droit et un égal succès, comme corps de référence pour la formulation des lois générales de la nature ; les lois elles-mêmes doivent être tout à fait indépendantes du choix du mollusque ».

Nous étions donc maintenant assimilables à de véritables mollusques dont la forme et la consistance étaient mouvantes et fluctuantes en permanence avec le temps.

À l'heure des formes et des remises en forme, du mythe du corps parfait, du narcissisme poussé à l'extrême, devions-nous vraiment nous résigner à cet état ?

L'homme d'abord paniqué reprit ses esprits, petit à petit, et se disait finalement qu'il n'était pas nécessaire pour autant de se concevoir gluant et dégoulinant, telles ces boules de matière visqueuse et fluorescente qui faisaient la joie des enfants.

La confirmation d'une telle conception de notre espace vivant n'apparaissait-elle clairement dans les travaux de Didier Anzieu ou de Sami-Ali ? Le « Moi-peau », la notion de « corps imaginaire », apparaissaient en effet aller dans le sens de ce « mollusque de référence » préconisé par Einstein. De même, l'étude de l'autisme infantile établissait des notions de « Moi poulpe mou et flasque », de « Moi crustacé rigide » (Frances Tustin cité par D. Anzieu), autant de visions intuitives d'enveloppes fantasmatiques dévolues à la définition des espaces psychiques développés par chaque sujet.

La notion d'enveloppe était donc sous-jacente aux propos des psychanalystes, servait régulièrement de base à leurs raisonnements, à cette différence près qu'elle n'était imaginée pour les plus « orthodoxes » que pour les seuls espaces psychiques des patients analysés. La psychanalyse avait donc suivi la même démarche relativiste qu'empruntée par les physiciens, pour aboutir en fin de compte à une conception globale et évolutive de l'être humain confronté à cette perpétuelle loi d'adaptation à son environnement, plus précisément la nécessité de rester en vie.

Cette notion de relativité était même clairement énoncée, comme C. G. Jung parlant des phénomènes parapsychologiques qui « rendent nécessaires prudence et circonspection, car ils témoignent du fait que les facteurs psychiques peuvent imprimer une relativité au temps et à l'espace, relativité qui remet en question notre explication un peu naïve et précipitée du parallélisme psychophysique ». Cet auteur soulignait l'importance de la psyché qui n'était pas un épiphénomène, « une apparition secondaire qui se trouve dans un lien de dépendance causale par rapport aux processus biochimiques qui se déroulent dans le substrat organique ». Tous ces chercheurs privilégiaient l'intuition, accordaient une importance considérable au fonctionnement psychique sur l'organisation fonctionnelle de l'être vivant.

Car le principe de relativité générale appliqué à l'être humain nous permettait maintenant d'aller encore plus loin.

Espace psychique certes, mais pas seulement, ouvrant un temps propre à chaque sujet, mais aussi mise en forme de notre potentiel vivant, tant notre potentiel organique que spirituel, dans une approche globale intégrant toutes les dimensions qui modèlent quotidiennement l'individu vivant. Car ce mollusque ne correspondait plus seulement à la conscience sensitive (visuelle, tactile, etc.) que nous avions empiriquement de nous-mêmes, mais se définissait aussi clairement avec la psyché et bien d'autres dimensions, pour représenter pleinement la dynamique de notre espace vivant en perpétuelle adaptation à l'environnement.

L'intérêt de considérer ce mollusque de référence pour définir l'espace adaptatif de chaque sujet que nous étions dépassait le simple exercice de style. L'homme comprenait maintenant que la notion de relativité générale apparaissait en effet aussi « révolutionnaire » en médecine qu'elle pouvait l'être en physique. Contrairement aux cloisonnements habituels que l'on retrouvait souvent dans les théories et les tergiversations de beaucoup de psychanalystes, elle ouvrait de grandes perspectives dans la recherche médicale, en établissant pour chaque individu un espace gaussien et un champ gravitationnel.

Les coordonnées qui s'y attachaient et le définissaient à un moment donné de son évolution aidaient à établir sa conformation réactionnelle, sans en exclure aucune. La psychologie, les données numériques, les données de l'environnement, l'état des refoulements, étaient autant de dimensions définissant l'individu, toutes équivalentes et indispensables à la mise en forme de nos espaces de mollusques adaptatifs, mais aussi sans que l'on puisse affirmer la suprématie d'une dimension sur l'autre. Aucune ne prenait la primeur sur les autres, même si l'on pouvait concevoir que le psychisme apparaissait comme la forme « modelante » la plus développée.

Il ne fallait pas en effet réitérer une nouvelle scission entre un courant vitaliste et un courant mécaniste, et rejoindre cette inutile guerre stérile et désormais sans fondement.

Konrad Lorenz n'avait-il pas affirmé que le psychisme ne pouvait se développer qu'avec les fondations phylogénétiques et organiques de l'être humain ?

C. G. Jung insistait bien lui aussi sur la nécessité d'avoir un cerveau sain pour étayer une bonne fonction psychique.

Nous pouvions même maintenant supposer que l'efficience de nos organes, qui nous permettait d'agir dans notre environnement, permettait d'autant plus le développement de notre psyché, et inversement. Tout était intimement lié, fait d'interactions et d'étayages réciproques, suivant cette loi naturelle et constante d'adaptation, cette obligation de se développer en permanence, l'éternelle entropie de la complexification croissante à laquelle nous confronte la vie.

L'homme était apaisé. Il avait l'impression de voir son monde totalement différemment, il sentait poindre l'espérance et la foi en la vie, car la vue devenait celle de son esprit, la voie de l'intuition, la force et l'énergie prenait le pas sur le simple miroir et sa réflexion univoque.

Car le concept de mollusque de référence, d'espace de Gauss, permettait non seulement d'intégrer harmonieusement l'espace de l'individu sans en saper les fondements, mais en autorisait tous les développements. C'est en définissant ces espaces gaussiens que nous pouvions donc appréhender l'effet des lois naturelles d'adaptation sur chaque individu, établir notre potentiel à réagir, à nous défendre contre les agressions, à réagir aux traitements, à guérir ou à mourir.

C'est en se référant à ces espaces gaussiens que l'on pouvait échapper aux systèmes tyranniques qui faisaient de nous des esclaves du tout biologique, du tout physique, du tout psychologique.

Merveilleuse réunification de multiples dimensions qui faisaient de nous des êtres doués de mouvements macro et microscopiques, de connexions, en perpétuelle évolution et nous permettant de toucher au phénomène vivant, à l'éther, un doigt d'éternité.

L'homme de pâte à modeler

L'homme, soulagé dans sa quête, se détourna un moment des travaux d'Einstein pour s'intéresser de nouveau à ceux des disciples de Freud.

Il comprenait bien que ceux-ci avaient fait un premier pas vers le principe de relativité, et pensait qu'avec leur approche méthodologique, nous pouvions comprendre la portée souvent limitée de nos actes soignants, les capacités de chaque individu à agir et interagir avec son environnement, et peut-être nous apprendre à traiter avec plus de discernement et plus d'efficacité, sans présupposé ni rien imposer ?

Certes, beaucoup de psychanalystes étaient restés très linéaires et euclidiens dans leur approche, mais il s'apercevait maintenant que d'autres s'étaient patiemment attachés à définir un espace adaptatif et fluctuant qui devait mieux permettre d'appréhender l'homme vivant en mouvement dans son environnement. Les notions de maladie organique, de maladie psychique, de maladie psychosomatique, leur semblaient alors devoir s'effacer pour laisser place à un concept plus consensuel et universel lié à l'adaptation du vivant.

Jacques Cain, Sami-Ali, Didier Anzieu, étaient en effet bien conscients de l'inutilité de ces distinctions nosologiques, car chaque aspect n'était pour eux qu'une partie d'un même tout.

En raisonnant par analogie avec la relativité générale, l'homme s'était aperçu que toute manifestation survenant chez un sujet à un moment donné de son évolution modifiait ses coordonnées et changeait en permanence l'aspect et la conformation de son espace adaptatif, assimilé littéralement au mollusque de référence inventé par Einstein.

Plus encore, à l'instar de la gravitation, cette conformation de mollusque était soumise à des forces interactives entre les espaces voisins (les autres). Les principes dichotomiques créés pour distinguer les espaces psychique et somatique devaient dès lors s'effacer pour laisser place à une conception plus souple et uniforme permettant un abord exhaustif des maladies survenant dans un espace ainsi défini.

La notion de plasticité, de modelé permanent, semblait alors la plus à même de rapprocher tous les chercheurs en sciences humaines. Non seulement il ne fallait plus séparer les espaces somatiques et psychiques, mais plus encore, il fallait qualifier leur fonctionnement pour pouvoir prouver leur étroite intrication entre eux et la conjugaison effective de leur mode de fonctionnement nécessaire à faire évoluer l'homme vivant. Au temps et à l'espace liés au vécu de chaque sujet en mouvement, il fallait envisager des forces de gravitation permettant de comprendre les interactions avec l'autre dans son environnement.

« Il existe un balancement entre les troubles psychotiques et troubles psychosomatiques, cela est une constatation que chacun peut faire », remarquait en préambule Jacques Cain. Ce balancement entre psychique et somatique, deux mouvements similaires et indissociables, était montré encore plus clairement dans les travaux de Sami-Ali.

Il distinguait en effet quatre couples antithétiques qui permettaient ainsi de situer la psychose dans le contexte d'une somatisation qui oscillait entre un corps réel et un corps imaginaire. Si la projection en constituait l'axe fondamental, c'est qu'elle était déjà pourvue « d'une valeur biologique telle qu'à partir d'elle, il devenait possible de définir ce qui caractérise un moment donné chez l'individu l'ensemble de l'économie psychosomatique ». Ces processus psychiques d'adaptation de l'homme en difficulté dans son environnement avaient donc pour lui un étayage biologique, un véritable fonctionnement organique permettant de remodeler (adapter ?) l'être souffrant.

Pour cet auteur, la somatisation restait la conséquence d'une situation d'impasse que seule la psychose, en tant que « tentative de penser l'impensable », était en mesure de franchir. Il n'y avait plus pour lui de barrières entre le somatique et le psychique, seulement un espace et un temps pour chaque sujet, et des oscillations entre différents états d'adaptation.

Face à un événement conflictuel apparaissant à un moment donné de notre évolution, une perturbation, notre conformation du moment nous laissait envisager plusieurs modes d'adaptations, plus ou moins efficaces, plus ou moins morbides, pour échapper ou sortir de cette impasse handicapant notre progression dans le vivant. Si le passage au corps réel pouvait représenter la somatisation organique telle qu'elle est appréhendée par la médecine classique, il concevait néanmoins les modalités de somatisations comme intimement liées à l'efficience de l'imaginaire de l'individu. Il distinguait ainsi trois modalités de somatisations – le figuré, le littéral et le neutre – dans lesquelles chaque fois se nouait différemment, d'une façon positive ou négative, la relation du sujet à l'imaginaire. Et ce corps imaginaire qu'il avait défini ressemblait étonnamment dans son fonctionnement à cet espace mouvant et fluctuant conçu grâce à la théorie de la relativité générale.

« Ici convergent toutes les possibilités évolutives du sujet », précisa-t-il, affirmant que du dépassement de l'impasse dépendait « l'équilibre final qui se jouait entre caractère, névrose, psychose, maladie et santé ». Pas de rupture d'enveloppe chez l'individu, mais un état de mollusque « gaussien », aux propriétés intrinsèques de souplesse, mouvance et « fluctuance ». Pas de morbidité irrémédiable pour le sujet, la conformation du moment lui permettant d'envisager une résolution du conflit en modulant dans son espace ses coordonnées, de telle façon qu'elles lui permettent de continuer à vivre et à avancer.

La santé semblait donc nécessiter fluidité et plasticité, étayée par une bonne efficience de la fonction de l'imaginaire, autorisant ainsi des modulations adaptatives à l'instar du mollusque de référence tel qu'il était défini par la relativité générale.

L'homme se dit que si la sortie du conflit passait par une modification de la conformation de l'individu souffrant, celle-ci ne devait pas être pour autant forcément la plus conforme aux normes établies pour la vie humaine en société. L'impasse en effet demandait surtout une résolution des données du conflit rencontré pour l'individu concerné, mais pouvait se révéler être une voie sans issue saine s'il n'existait pas de possibilité pour l'individu à ce moment-là de son évolution de le résoudre autrement.

On pouvait être ainsi malade mais toujours adapté à son environnement.

Et cette résolution passait par les propriétés des espaces telles que nous les avions définis précédemment.

Sami Ali, comme tout bon chercheur en physique ou en mathématique, s'était même mis au tableau pour asseoir sa démonstration :

« Face à ce conflit (ou événement "a"), les solutions s'organisent alors vers la pathologie, nouveau fonctionnement économique, que l'on peut penser paradoxalement nécessaire à ce moment-là au maintien de la vie. Mais celle-ci sera alors probablement modifiée, tant en qualité qu'en quantité ».

« Contrairement au conflit névrotique dont la forme est la simple alternative, "a ou non-a", la situation d'impasse commune à la psychose et à la somatisation est entièrement structurée par la contradiction : "a ou non-a" et "ni a, ni non-a". Il faut alors pour l'individu envisager d'autres échappatoires pour se sortir du problème vital auquel il est confronté.

C'est pour cela que Sami-Ali envisagea, après le conflit névrotique, trois autres formes dérivées de la contradiction :

L'une (la deuxième) était source d'un cercle vicieux, créant un renvoi à l'infini, neutralisant toutes les issues ("a ou non-a" ; "si a, c'est non-a" ; "si c'est non-a, c'est a"…). Il n'y avait là aucun aménagement possible, aucun choix possible pour sortir de l'impasse, avec des conséquences morbides inévitables sur l'enveloppe adaptative de l'individu.

La troisième était celle d'une alternative "a ou non-a", rappelant "l'alternative névrotique, mais avec cette différence, toutefois, qu'elle est ici tranchée, définitive, sans nuance". Pas de médiation, pas de "subtil équilibre entre le refoulé et le refoulant". Le mollusque se figeait dans sa conformation, devenait moins souple et mouvant.

La quatrième forme envisagée par Sami-Ali face à la situation d'impasse était le dilemme qui, lui aussi, débutait par l'alternative névrotique, "a ou non-a". Mais ici, l'alternative névrotique se dédoublait en son contraire, "a signifiant tout autant non-a" et vice versa. "Les solutions s'annulent au fur et à mesure par l'annulation réciproque des termes de l'énoncé" ».

Tous ces modèles « mathématiques », capables de modeler l'espace adaptatif de notre mollusque de référence, nous permettaient de rester vivants, même si ce nouvel espace passait par l'installation d'un état dépressif, d'une maladie auto-immune, d'une psychose…

Si cette formulation pouvait sembler ardue, encore trop linéaire dans sa conception, elle confirmait néanmoins l'abord relativiste que prirent certains psychanalystes soucieux de définir les espaces adaptatifs de chaque être humain.

Refoulement, Projection, représentaient autant de mécanismes d'adaptation permettant de gérer l'impasse, c'est-à-dire les événements conflictuels susceptibles de bloquer notre évolution d'être vivant confronté à l'environnement. Ils faisaient partie intégrante du mollusque de référence défini grâce à la relativité, en tant que mécanismes ajustant nos dimensions, et rendaient compte, à un moment donné de notre évolution, de notre capacité à réagir, à rester sain ou à tomber malade, de notre aptitude à profiter des soins dispensés ou à y résister, et ce quelle que soit la forme prise par cette ou ces maladies.

L'espace du sujet n'était plus figé, et devenait animé par un véritable champ de gravitation doté d'énergie, de mouvement et de temps.

Pour Didier Anzieu, il lui apparaissait nécessaire d'établir une véritable surface psychique s'étayant à partir de la surface du corps de chaque individu. Les travaux des éthologistes tels Lorenz et Tinbergen rendant compte du phénomène de l'empreinte représentaient à ce titre pour lui une avancée majeure.

En s'appuyant sur les travaux du psychanalyste anglais Bolwby, il envisagea « une figuration dont le Moi de l'enfant se sert au cours des phases précoces de son développement pour se représenter lui-même comme Moi contenant les contenus psychiques, à partir de son expérience de la surface du corps ». Il existait donc pour lui un véritable étayage de toute activité psychique sur la peau. Le corps réel tel que nous pouvions visuellement le dessiner ou le palper ne devenait qu'un support matériel permettant de définir un espace adaptatif plus souple mais aussi plus complexe pour chaque individu. La peau et le cerveau dérivant de la même structure embryonnaire (l'ectoderme) le poussaient d'autant plus à développer une intrication essentielle entre ces deux systèmes.

On retrouvait là cette même notion d'enveloppe aux fonctions multiples :

« La peau, première fonction, c'est le sac qui contient et retient à l'intérieur le bon et le plein que l'allaitement, les soins, le bain de paroles y ont accumulés. La peau, seconde fonction, c'est l'interface qui marque la limite avec le dehors et maintient celui-ci à l'extérieur, c'est la barrière qui protège de la pénétration par les avidités et les agressions en provenance des autres, êtres ou objets. La peau enfin, troisième fonction, en même temps que la bouche et au moins autant qu'elle, est un système de communication avec autrui, d'établissement de relations signifiantes ; elle est, de plus, une surface d'inscription des traces laissées par ceux-ci ».

L'homme pour D. Anzieu n'était donc plus figé dans son espace anatomique numériquement déterminé, il fallait redéfinir son espace, qu'il appela le « Moi-peau ». Son travail l'amena ensuite à distinguer neuf fonctionnements distincts au Moi-peau, mais dont la teneur très psychanalytique nous replongeait, semble-t-il, plus vers la relativité restreinte que vers la relativité générale.

Il fixait en effet un inventaire de ces fonctions « en essayant de préciser pour chacun le mode de correspondance entre l'organique et le psychique, les types d'angoisse liés à la pathologie de cette fonction, et les figurations du trouble du Moi-peau que la clinique nous apporte ».

S'il considérait que le corps sert d'étayage au psychisme, il envisageait paradoxalement que le développement de l'appareil psychique s'effectuait « par des paliers successifs de rupture avec sa base biologique, ruptures qui lui rendent d'une part possible d'échapper aux lois biologiques et d'autre part nécessaire de chercher un étayage de toutes les fonctions psychiques sur les fonctions du corps ».

Ainsi, même s'il essayait de développer lui aussi un espace imaginaire, il se présentait plus comme un éthologiste de cet imaginaire, fixant les comportements sans donner suffisamment de mouvement et de « fluctuance » au modèle. De plus, cette volonté de rupture avec la base biologique risquait de confiner encore et toujours la psyché au niveau de cette âme intouchable, la classant dans la rubrique de l'énergie mystique que l'on ne doit pas quantifier, et ne permettant plus dès lors une étude exhaustive des forces énergétiques plus propices à expliquer le fonctionnement humain.

En situant ainsi les forces psychiques, en les dissociant du fonctionnement organique, dans une approche quasi mystique, il prenait le risque d'entretenir cet éternel principe d'un savoir psychanalytique placé hors d'atteinte du profane, et nous n'étions plus alors dans notre conformation de mollusque que nous chérissions tant !

L'homme comprenait que si certains psychanalystes avaient fait œuvre de travail relativiste, une majorité d'entre eux s'en étaient servis finalement pour mieux se démarquer et s'isoler des autres penseurs en sciences humaines.

Cela ne lui convenait pas, tant l'envie de lois simples et unifiées, accessibles à tous, restait son unique priorité. Cette vision fantasmatique d'enveloppe, ces oscillations envisagées entre corps réel et corps imaginaire rendaient pourtant bien compte de ce courant de pensée du vingtième siècle, empreint de la relativité des acquis et des limites de la vision binoculaire. Pour ces auteurs, ni les biologistes ni les psychanalystes fidèles au strict modèle freudien ne pouvaient rendre compte à eux seuls de l'évolution de l'être humain et de son adaptation à son environnement.

Leurs travaux envisageaient ces espaces adaptatifs mouvants et fluctuants pour chaque individu. Et ils établissaient plus ou moins consciemment des modèles d'espaces de développement corporels et psychiques très proches de l'espace gaussien établi dans la relativité générale. Tous voulaient, à l'instar d'Einstein, sortir des leurres que procure la simple observation pour envisager une explication rationnelle et univoque des phénomènes d'adaptation humaine, morbides ou non.

L'espace imaginé, quels que soient son aspect et sa description, répondait à un même souci, celui de comprendre les patients dont ils avaient la charge. Tous envisageaient un espace humain plus vaste et complexe que celui défini par les biologistes et les experts en anatomie, et se rendaient compte que toute modification arbitraire des coordonnées sur ce modèle exclusivement numérisé n'était pas dès lors sans danger. Les psychanalystes, conscients de cet espace adaptatif, pointaient en effet du doigt les dangers de thérapies mal adaptées à l'individu et à son état de mouvement. Ils avaient eux-mêmes constaté qu'un refoulement de l'imaginaire, une régression pouvaient apparaître au cours de la cure psychanalytique sans qu'ils aient pu les prévoir. Ceux-ci pouvaient alors favoriser l'éclosion de pathologies psychiques ou somatiques, en déplaçant par exemple le conflit d'une sphère à une autre.

Ce mode de fonctionnement, brutal, semblait alors cristalliser les conflits au lieu de restaurer la mouvance et de la « fluctuance » inhérentes au principe de mollusque de référence.

Toute inquisition thérapeutique devait donc être prudente, en évitant d'appréhender le sujet souffrant uniquement comme un espace euclidien, morcelé en de multiples espaces de coordonnées linéaires qu'il faudrait alors modifier, bricoler, côté par côté. Sami-Ali insistait ainsi sur le danger des actes soignants assénés sans discernement :

« Quoiqu'il en soit, le refoulement de la fonction de l'imaginaire porte en lui les germes de l'impasse, dans la mesure où le fonctionnement caractériel transforme l'alternative en alternative absolue. Si le problème emprunte la voie médicale, et que, par suite d'une chimiothérapie, on assiste à la disparition réelle de l'imaginaire, disparition qui a valeur de refoulement d'une fonction, on voit alors se refermer le piège : comme dans certaines allergies aux médicaments, le remède devient source de mal et le problème insoluble ».

Ainsi, la relativité générale en médecine permettait d'envisager chaque individu comme un espace mouvant à plusieurs dimensions, affecté de ses propres coordonnées de Gauss qu'il apparaissait nécessaire de définir si l'on voulait non seulement comprendre à un moment donné son mode de fonctionnement, mais aussi adapter nos soins à son état de mouvement.

L'acte soignant ne prenait toute sa valeur qu'en intégrant le champ de gravitation de l'individu considéré, et les résultats de nos soins n'étaient pas seulement dépendants de ce que nous dispensions, mais de ce que l'autre souffrant pouvait recevoir à ce moment précis de son évolution.

Une modification brutale et arbitraire, même sous couvert d'étude épidémiologique ou statistique bien réalisée, de certaines coordonnées du sujet souffrant pouvait se montrer inefficace voire se révéler dramatique, en précipitant l'individu vers d'autres manifestations pathologiques ou en le confrontant à une impasse définitive, car mortelle.

Si nos traitements emprunts de technicité ne permettaient plus le maintien de la mouvance entre le corps imaginaire et le corps réel, car ils corrigeaient anatomiquement les anomalies corporelles mais créaient paradoxalement des déchirures ou des effractions dans le Moi-peau, cette modification brutale de certaines coordonnées de notre conformation de mollusque pouvait être paradoxalement traumatique en ne nous permettant plus de rester un espace de Gauss, nous maintenant en vie mais en fragilisant notre évolution.

Ce passage à un morcellement euclidien de l'individu ne pouvait-il pas expliquer l'effet partiel que l'on obtenait en agissant ainsi de façon cartésienne sur ces petits continua (par la chimiothérapie, l'insuline, la radiothérapie, etc.) ?

Sans appréhension initiale de l'espace adaptatif du sujet malade, ne prenait-on pas des risques quant à son évolution ?

Face aux thérapies très incisives, n'était-ce pas pour cette raison qu'on ne parlait toujours que d'équilibre, de rémission, rarement de guérison ?

En cherchant à préserver uniquement les coordonnées numériques de l'individu, sans intégrer un espace gaussien de référence, la vie gardait-elle la même résonnance ou la même mouvance ?

L'homme comprenait que les soins ainsi dispensés pouvaient rendre plus fragile le sujet dit guéri, car plus susceptible à de nouvelles décompensations, dès lors que sa conformation n'était plus « gaussienne » dans son état.

Mais il restait dubitatif, car il ne pouvait malgré tous ces acquis imaginer une approche qualitative permettant de répondre à ce souci. La psychanalyse avait ouvert la voie de la relativité, en concevant un individu bien différent de ce qu'il paraissait, mais en ne se référant qu'au langage pour soigner, elle ne correspondait plus à cette notion d'universalité qui fait que toute action soignante devait avoir le droit de cité. Il ferma un temps leurs ouvrages pour s'intéresser de nouveau aux physiciens, car une nouvelle révolution couvait en leur sein.

La relativité générale en médecine

L'étude de l'homme évoluant dans son environnement nécessitait donc une nouvelle approche méthodologique, voire une nouvelle sémiologie, pour pouvoir satisfaire au principe d'équivalence, puisque nous étions donc des systèmes « espace et temps » individuels soumis à de mêmes lois naturelles nous permettant de rester vivants. Nous ne vivions pas tous le même temps, nous ne mourrions pas au même moment, nous n'avions pas les mêmes conditions physiques, biologiques, psychologiques…

La question basique restait en l'occurrence celle de tout un chacun : pourquoi moi plutôt que lui, pourquoi lui plutôt que moi ?

Les maladies, les accidents, étaient des événements qui surgissaient dans notre espace à un temps donné, sans forcément produire les mêmes effets et les mêmes conséquences immédiatement ou à plus long terme chez chacun d'entre nous. À cette baudruche de référence affublée de coordonnées, il nous fallait trouver notre mode « conformationnel » à un instant donné pour expliquer notre plus grande ou moindre résistance à un événement traversant notre espace.

Une épidémie de gastro-entérite survenait, Alfred était liquéfié au fond de son lit, Sigmund ne l'était pas. Facile de comprendre pourquoi si l'on s'apercevait que l'un était déjà immunisé contre le virus et l'autre pas, que le second possédait une paroi intestinale plus riche en IgA, que le premier avait modifié (endommagé) sa flore intestinale depuis son dernier traitement antibiotique, que l'un avait une alimentation dite plus saine, que l'autre ne souffrait pas de colopathie fonctionnelle dite nerveuse…

Données rationnelles, mais toujours linéaires, et qui n'interdisaient pas les explications aberrantes suivantes : l'un avait regardé la télévision la veille au soir, l'autre utilisait souvent son téléphone portable, autant d'événements intercurrents qui fondaient la réceptivité de chacun de nos deux personnages à un instant donné sans que l'on puisse clairement en prédire les effets et conséquences sur leurs espaces respectifs.

Définir notre espace passait donc par la prise de conscience de nos multiples dimensions, bien plus riches que celles définies par Euclide ou la relativité restreinte.

Cette capacité à résister plus ou moins aux chocs lui rappelait le principe de résilience, qui en physique définissait la capacité d'un corps d'absorber l'énergie liée à une déformation, et en psychologie, à la proportion d'élèves qui « s'en sortent grâce à des qualités individuelles ou des opportunités de l'environnement », mais d'une façon plus exhaustive, car elle englobait tout le corps et son fonctionnement adaptatif.

L'homme savait donc qu'il ne s'était pas, malgré tant d'efforts déployés, encore complètement défini.

Si nous avions pu finalement appliquer le raisonnement de la relativité générale à l'étude de l'homme vivant, nous définissant comme un espace quadridimensionnel de coordonnées nous assimilant à une baudruche malléable et conformable à merci, comment pouvait-on appréhender l'étape suivante, à laquelle s'était heurté Einstein, à savoir intégrer maintenant les découvertes de la physique quantique contemporaine ?

Il devinait que nos conceptions encore trop archaïques faites d'algorithmes, de paramètres, de données épidémiologiques, de profils psychiatriques, ne pouvaient nous permettre de comprendre nos fonctionnements dans notre espace vivant, car il butait là aussi sur cet espace strictement quadridimensionnel. Et ce n'étaient pas les nanotechnologies appliquées au fonctionnement cellulaire, quelles que soient leurs prouesses, qui nous permettraient pour autant un quelconque entendement de l'adaptation de l'être humain confronté à son environnement. Dans un espace associant une coordonnée de temps aux dimensions d'espace, ces « nano-apports » ne représentaient en effet que de nouvelles coordonnées, plus fines, sans nous pour autant donner la clé de notre fonctionnement.

Son regard s'assombrit, il crut céder au découragement.

Nous étions donc un espace de coordonnées, sans cesse alimenté par des données numériques d'espaces et de temps, certes précises mais toujours plus complexes, et cet espace mouvant et fluctuant à l'instar d'un mollusque changeait de forme et de volume pour être en accord avec la loi fondamentale de l'adaptation, celle qui nous disait de rester vivants. Accord signifiait prosaïquement être et continuer d'être vivant, le désaccord sonnant la fin de notre temps.

Il aurait pu, tout comme Einstein, se reposer sur ces quelques lauriers, et jouir sereinement de cette découverte sans tenir compte du monde quantique.

Cette théorie de l'espace et du temps propre à chacun, aussi jolie soit-elle, ne nous permettait en effet pas sous cet état de baudruche, tel un pouf rempli de billes de plastiques, d'accéder aux mécanismes adaptatifs intimes issus de la vision du microscopique, de l'électronique, et plus encore à l'état de désordre quantique qui devait animer chaque parcelle de notre corps. Il savait que ce modèle n'intégrait pas toutes les dimensions du monde vivant, microscopiquement.

La relativité générale en médecine n'était peut-être alors qu'une jolie métaphore philosophique, la projection d'un corps imaginaire, réintégrant utilement les données anamnestiques, quelle que soit leur teneur dans un cadre plus simple et unifié (le monde intelligible), car elle restait insuffisante pour nous faire avancer au niveau de l'infiniment petit, fondement ultime de notre macroscopie, là où la matière n'est plus qu'énergie (le monde sensible).

Il aurait pu se contenter d'alpaguer ses frères, de leur dire que nous étions faits d'atome de Bohr, d'électrons, de neutrons, de quarks, gravitons, particules de tous bords, avalisant la thèse si mystique et dévolue aux prédicateurs que nous n'étions que poussières s'organisant avant de se désorganiser finalement en poussière.

Mais que signifiait pour chacun cette énergie animant nos particules, cet espace et ce temps, ce mouvement de vie ?

Car notre corps dans son infiniment petit, soumis à l'énergie quantique, à l'électromagnétique, à l'énergie photonique, nous disait maintenant que notre masse était énergie, notre espace humain vivant frémissait, mais à l'instar de la physique quantique qui ne parlait que de probabilité de présence de l'électron, tout apparaissait insuffisant pour expliquer pourquoi toute notre vie semblait finalement se résumer au bout du chemin à ces quelques cendres au fond d'une urne funéraire ?

L'homme était maintenant fort contrit, toute cette énergie dépensée pour ça, et il n'avançait pas plus dans la compréhension de son état.

Einstein confronté à la physique quantique fut soumis au même dilemme, à cette débauche improbable d'énergie de l'infiniment petit, qui ne pouvait rentrer dans le cadre explicatif pourtant si rationnel qu'il avait élaboré avec sa théorie de la relativité générale.

L'homme reprit néanmoins sa quête, conscient qu'il ne pouvait en rester à se définir comme ces planètes soumises entre elles à de multiples interactions naissant de leur propre mouvement et de celles de leurs voisines, soumises à la loi sur la gravitation.

L’Homme de Calabi-Yau

La théorie des cordes selon Edward Witten proposait dix dimensions d’espace et une dimension de temps.

Il lut :

« Selon la théorie des cordes, l’Univers se compose de petites cordes, dont les résonances vibratoires sont à l’origine microscopique des masses et des charges d’interaction des particules » (Brian Green).

Ces espaces multidimensionnels, faits de dimensions en taille considérée comme minuscule, non individualisables ni observables, étaient entortillés dans nos dimensions d’espace et de temps. Bien qu’ils n’aient dons pas d’évidence criante à nos yeux d’humains, ils pouvaient être modélisés en un espace de Calabi-Yau, et permettaient d’appréhender de façon simple et univoque le fonctionnement de l’univers.

L’homme prit un cachet contre la migraine. Celui-ci avait mauvais goût, mais il lui permit d’aller plus avant.

Comme la fourmi qui, lorsqu’elle était observée de très loin, semblait circuler sur ce qui ressemble à un objet unidimensionnel, une simple ligne droite, il comprenait que ce déplacement devenait plus complexe et riche d’enseignement si cet axe des « x » était en fait un tuyau d'arrosage. Dame fourmi pouvait tout en se déplaçant sur le tuyau se donner le tournis, tout comme lui le ressentait maintenant sans pourtant faire le moindre mouvement.

Cette erreur d'appréciation lui montrait maintenant qu'il existait manifestement dans nos systèmes de référence des dimensions cachées dont nous ne tenions pas compte objectivement pour comprendre et analyser nos propres mouvements.

L'espace du sujet ainsi enrichi devait alors devenir modélisable dans toutes les dimensions du vivant, qu'elles soient palpables ou impalpables, avalisant le concept d'équivalence entre la masse et l'énergie.

Une telle modélisation confirmait donc le principe de la relativité générale, en y intégrant bien d'autres dimensions, qui ainsi communiquaient et interagissaient grâce à leur mode vibratoire commun.

Cet espace physique qu'il avait pu non sans mal définir, depuis le mannequin inanimé jusqu'au mollusque de référence, était maintenant soumis à cette théorie des cordes proposant des dimensions multiples, des plus grandes aux microscopiques, avec des espaces énergétiques qui animaient notre être vivant, et ne devaient donc plus rien au hasard.

Ces espaces dimensionnels ainsi répertoriés avaient maintenant un langage commun par le biais des cordes, leur donnant à tous la possibilité de communiquer et de s'adapter aux changements des coordonnées des autres sans dualité, dichotomie ou conflit de champ lexical.

Le mollusque de référence devenait alors sous cette optique une 4-brane :

« Plusieurs modèles cosmologiques ont émergé de l'introduction des branes en théorie des cordes. L'idée générale de la cosmologie branaire est que notre univers serait confiné sur une 4-brane. Ceci signifie que les particules de matière

(Quarks, électrons, etc.) et les interactions fondamentales autres que la gravitation (transportées par les particules telles que le photon, le gluon, etc.) ne sont autorisées à se déplacer qu'à l'intérieur de la brane tandis que la gravitation a la possibilité de se déplacer également dans l'espace-temps complet (on dit aussi le bulk en anglais) dont la brane ne représente qu'un sous-espace. »

(Source Wikipédia)

Nous retrouvions le modèle physique avec ses coordonnées d'espace et de temps, mais celui-ci restait un sous-espace au sein de l'espace-temps universel.

C'est ce que nous constations aisément physiquement, au moins pour ces quatre dimensions, nous donnant masse et temps, mais où se situaient les six ou sept autres qui participaient à notre espace énergétique de corps humain ?

En observant un cerveau hors de sa boîte osseuse, il fut étonné de son anatomie aux circonvolutions multiples qui lui évoquaient maintenant fortement la modélisation d'un espace de Calabi-Yau.

Si son corps ne se résumait bien sûr pas au seul cerveau, il comprenait néanmoins que ce dernier semblait peut-être intégrer morphologiquement toutes les dimensions qu'il avait à gérer au quotidien.

Il se remémora la théorie Aristolicienne des cinq sens, et comprit l'utilité d'ajouter à l'espace adaptatif de l'être vivant ces autres dimensions, non mesurables quels que soient nos moyens d'observation visuelle, mais effectivement enroulées dans notre 4-brane et dont elles étaient indissociables.

Le monde intelligible était celui d'Euclide et de Newton, le monde sensible optimisait notre espace, notre entité de Calabi-Yau.

La vue, l'odorat, l'ouïe, le toucher, le goût, nous modélisaient maintenant dans un nouvel espace à neuf dimensions. La proprioception liée à la gravitation nous ouvrait la dixième dimension.

Il en eut des frissons.

Six dimensions supplémentaires, enroulées dans notre 4-brane, que nous admettions sans réserve, et pour cause, mais n'intégrions pas jusqu'alors à notre compréhension de notre corps vivant et de son mouvement propre.

Il en manquait une pour arriver au chiffre des onze dimensions, probablement essentielle pour notre adaptation au vivant, non individualisable, et intemporelle.

Ne touchions-nous pas maintenant du doigt le problème de cette éternelle dualité corps-esprit, et au problème de la conscience ?

En suivant les intuitions des onze dimensions préconisées par les physiciens, il se concentra et comprit par la même la teneur de la dernière, une dimension intemporelle enroulée, intriquée dans notre espace, et qui nous offrait le raisonnement, et qui était celle de l'esprit, où s'épanouit la pensée.

Il lui semblait que cette approche mettait un terme à ce dilemme de la dichotomie corps-esprit, en unifiant enfin dans un même système cohérent la double causalité corps-esprit énoncée par René Descartes, la causalité physique de Thomas Hobbes, les théories métaphysiques de Karl Popper et autres branches du physicalisme ou du panpsychisme.

Avec cette théorie de cordes vibrantes, le corps et l'esprit ne se réduisaient plus en effet à des rapports de cause à effet, la conception matérialiste cédait la place à une compréhension univoque du fonctionnement du corps et de l'esprit, communicant dans un espace multidimensionnel où les échanges s'accordaient sans antinomie entre le physique et le psychologique.

Plus encore, aux dix dimensions temporelles qui explicitaient notre fonctionnement organique et vivant, la onzième dimension de l'esprit sans être mystique paraissait intemporelle, immortelle, et parfaitement adaptée et en intrication avec ce corps vivant auquel elle participait pleinement à son adaptation à l'environnement.

Elle occupait librement tous les espaces de la 4-brane qu'est notre corps vivant, s'associant et communiquant sans aucun conflit avec toutes les autres dimensions tout animées de mêmes vibrations.

On voyait apparaître ainsi l'intrication essentielle du psychisme dit immatériel et du corps dit matériel, dans un mode de communication simple et unifié.

On retrouvait enfin ce lien indissociable entre la masse et l'énergie.

Cette complémentarité permettrait enfin de déterminer les différentes pondérations inhérentes à chaque espace à un moment donné de la vie de l'individu, expliquant alors pleinement et simplement ses capacités multiples de s'adapter à son environnement.

On pouvait alors envisager de faire un bilan exhaustif d'un individu souffrant à un moment donné de son cheminement vital, et mieux apprécier l'opportunité de nos actes soignants au sein son espace qui ne se résume pas uniquement à cette 4-brane.

Nous pourrions avec cet espace de Calabi-Yau comme espace de référence appréhender ses possibilités de rester vivant, d'accepter un changement de coordonnées dans certaines dimensions, pour soulager l'homme souffrant sans altérer ses capacités même amoindries à rester vivant.

En considérant le principe de conservation de l'énergie, il comprenait comment l'esprit interagissait avec la 4-brane, une énergie indissociable du sujet vivant, indispensable à son adaptation à l'environnement, mais qui semblait aussi intemporelle, évoquant cette âme si chère à Aristote, Descartes ou Nietzsche. Cette énergie était en parfaite adéquation avec celle de l'Univers, et son fonctionnement.

Car le principe de conservation de l'énergie ouvrait un espoir fou jusque-là attribué à Dieu et ses images humaines.

Toute perte de coordonnées au sein de la 4-brane passait en effet par un « transfert » d'énergie sur les autres dimensions, jusqu'à celle qui survit à la fin de notre parcours matériel, celle de l'esprit, de l'âme intemporelle qui pouvait se fondre dans l'Éther.

Et il comprenait que l'univers, cette baudruche en perpétuelle expansion, n'était qu'une symétrie magnifique et grandiose de nos propres espaces adaptatifs, a priori ultime espace de Calabi-Yau.

Ne touchions-nous pas aux intuitions des prophètes et fils de Dieu, qui nous parlaient de résurrection et immortalité ?

L'homme de Calabi-Yau était créé, il ne lui restait plus qu'à l'étudier pour le formaliser, modélisant pour chaque être humain son espace soumis à la loi de l'adaptation, qui nous dit de rester vivants.

Chaque dimension devenait source d'autant de pondérations participant à notre fonctionnement, les cordes vibrantes au sein de tous les espaces animant numériquement nos corps vivants.

Plus encore, les processus pathologiques survenant dans un espace adaptatif humain ressemblaient maintenant à des brisures de symétrie, spontanées ou provoquées, mais dont l'incohérence supposée nécessitait en fait comme en physique de modifier les équations en tenant compte de l'énergie propre à chaque sujet.

Les expériences de scientifiques tels Henri Laborit montraient bien ces changements vibratoires nécessaires au maintien de la vie, faits d'énergie, permettant par exemple à ces deux rats enfermés et soumis à des décharges électriques de se bagarrer entre eux pour échapper à ce stress mortifère et leur permettre de continuer sans dommage apparent leur parcours de vie.

Et nos actes soignants devraient tenir compte des brisures de symétrie qu'ils représentaient eux aussi, et s'ils étaient assénés pour la bonne cause, pour tenter de rééquilibrer le sujet souffrant et lui permettre de rester vivant, nous ne pouvions plus ignorer ces changements de conformation liés à nos traitements.

Il fallait donc désormais pour chacun identifier le ou les paramètres d'ordre responsable de la brisure de symétrie, les évaluer, les formaliser, pour faire en sorte d'en modifier leurs équations.

L'homme se disait au plus profond de lui-même qu'en suivant le principe de conservation de l'énergie, toutes ces pondérations différentes que nous pouvions subir dans nos espaces ne restaient que des phénomènes adaptatifs, morbides, parfois mortels, mais qui ne pouvaient en rien altérer son énergie vitale, cette « archétype de la vie en soi », l'Anima.

Postface

Tout comme les physiciens comprenaient que nous vivions dans un espace à trois dimensions dans lequel nous déplacions grâce au temps, mais auxquels s'enroulaient d'autres dimensions invisibles car microscopiques, il sut que sa belle anatomie en trois dimensions si visible et se mouvant magnifiquement dans cet espace n'était donc qu'un leurre de la pensée, juste une somptueuse carrosserie éblouissant notre entendement.

Le mannequin inanimé avait cédé alors la place au mollusque de référence, qui était devenue une 4-brane alliant fonctionnement mécanique et énergie spirituelle de façon univoque et simple.

Il comprenait et ressentait physiquement que son être était fait de multiples dimensions qui expliquaient ses mises en forme plus il avançait (vieillissait).

Ces changements de conformation vitale liés aux confrontations de ces espaces définissaient plus clairement ses capacités de répondre à tout moment à cette loi qui nous disait à tous de rester vivant, le mieux possible, le plus longtemps, avant d'accepter de retourner au néant, qui serait tout, puisque nous n'étions faits de cordes vibrantes au sein de l'univers.

Chaque dimension de cet espace de Calabi-Yau était loin d'être immuable, car en communication et en adaptation permanente avec les autres, un espace où l'esprit pouvait prendre place sans conflit de matérialité.

Il savait maintenant que ce néant supposé était plutôt énergie, l'esprit incarné dans la Vie, et que celle-ci ne disparaissait pas mais se transformerait tout simplement à la fin de notre parcours, quelle que soit la façon dont nous l'avions mené.

Un sentiment d'éternité, une foi en la vie dans l'univers, une universalité de sa pensée enorgueillissait son être fait de masse et d'énergie.

Il s'étira sur sa chaise en bâillant, regardant par la fenêtre les nuages se faisant et se défaisant en multiples volutes sous le vent, on était dimanche, et il en était très content.

Bibliographie :

1. Anzieu D., *Le Moi-peau*, Dunod, 1995 ;
2. Greene B., *L'univers élégant*, Robert Laffont, 2000 ;
3. Dantzer R., *L'illusion psychosomatique*, Odile Jacob, 1989 ;
4. Einstein A., *La théorie de la relativité restreinte et générale*, Gauthier-Villars, 1976 ;
5. Freud S., *Introduction à la psychanalyse*, Petite Bibliothèque Payot, 1983 ;
6. Jung C. G., *Présent et Avenir*, Buchet/Chastel, 1995 ;
7. Laborit H., *L'inhibition de l'action*, Masson, 1986 ;
8. Lorenz K., *Le comportement animal et humain*, Édition du Seuil, 1970 ;
9. Robert M., *La révolution psychanalytique*, Petite Bibliothèque Payot, 1964 ;
10. Sami-Ali., *Penser le somatique*, Dunod, 1997 ;
11. Solignac P., *Vivre sa guérison Flammarion*, 1976 ;
12. Wikipédia.

Table des matières

Imprimé en Allemagne
Achevé d'imprimer en octobre 2023
Dépôt légal : octobre 2023

Pour

Le Lys Bleu Éditions
40, rue du Louvre
75001 Paris

www.ingramcontent.com/pod-product-compliance
Lightning Source LLC
Chambersburg PA
CBHW062346010826
49168CB00024B/278

* 9 7 9 1 0 4 2 2 0 8 9 7 4 *